美其美 美与共

外多元文化育人

朱天祥　邱晓凤　谌华侨　钟南征　编著

重庆大学出版社

图书在版编目（CIP）数据

各美其美　美美与共：世界多元文化育人 / 朱天祥
等编著 . 一重庆：重庆大学出版社，2024.6
（新文科建设：以文化人系列丛书）

ISBN 978-7-5689-4452-6

Ⅰ.①各… Ⅱ.①朱… Ⅲ.①多元文化—文化教育—
研究—世界　Ⅳ.①G40-055

中国国家版本馆 CIP 数据核字（2024）第 104624 号

各美其美　美美与共——世界多元文化育人

GEMEIQIMEI MEIMEIYUGONG—SHIJIE DUOYUAN WENHUA YUREN

朱天祥　邱晓凤　谌华侨　钟南征　编著
策划编辑：陈　曦
责任编辑：杨　扬　　版式设计：欧阳荣庆
责任校对：谢　芳　　责任印制：张　策
*
重庆大学出版社出版发行
出版人：陈晓阳
社址：重庆市沙坪坝区大学城西路 21 号
邮编：401331
电话：(023)88617190　88617185(中小学)
传真：(023)88617186　88617166
网址：http://www.cqup.com.cn
邮箱：fxk@cqup.com.cn(营销中心)
全国新华书店经销
重庆正文印务有限公司印刷
*
开本：890mm×1240mm　1/32　印张：8.125　　字数：184 千
2024 年 6 月第 1 版　2024 年 6 月第 1 次印刷
ISBN 978-7-5689-4452-6　定价：42.00 元

总序

以文化人 生生不息

——新文科建设：以文化人系列丛书总序

四川外国语大学党委书记 邹　渝

四川外国语大学，简称"川外"（英文名为Sichuan International Studies University，缩写为SISU），位于歌乐山麓、嘉陵江畔，是我国设立的首批外语专业院校之一。古朴、幽深的歌乐山和清澈、灵动的嘉陵江涵养了川外独特的品格。学校在邓小平、刘伯承、贺龙等老一辈无产阶级革命家的关怀和指导下创建，从最初的中国人民解放军西南军事政治大学（以下简称"西南军政大学"）俄文训练团，到中国人民解放军第二高级步兵学校俄文大队，到西南人民革命大学俄文系、西南俄文专科学校（以下简称"西南俄专"），再到四川外语学院，至2013年更名为四川外国语大学。学校从1979年开始招收硕士研究生，2013年被国务院学位委员会批准为博士学位授予单位，2019年经人社部批准设置外国语言文学博士后科研流动站。学校在办学历程中秉承"团结、勤奋、严谨、求实"的优良校风，弘扬"海纳百川、学贯中外"的校训精神，形成了"国际导向、外语共核、多元发展"的办学特色，探索出一条"内涵发展，质量为先，中外合作，分类培养"的办学路径，精耕细作，砥砺前行，培养了一大批外语专业人才和复合型人才。他们活跃在各条战线，为我国的外交事务、国际商贸、教学科研等各项建设作出了应有的贡献。

经过七十三年的发展，学校现已发展成为一所以外国语言文学学科为主，文学、经济学、管理学、法学、教育学、艺术学、哲学等协调发展的多科型外国语大学，具备了博士研究生教育、硕士研究生教育、本科教育、留学生教育等多形式、多层次的完备办学体系，主办了《外国语文》《英语研究》等有较高声誉的学术期刊。学校已成为西南地区外语和涉外人才培养以及外国语言文化、对外经济贸易、国际问题研究的重要基地。

进入新时代，"一带一路"倡议、"构建人类命运共同体"和中华文化"走出去"等国家战略赋予了外国语大学新使命、新要求和新任务。随着"六卓越一拔尖"计划2.0（指卓越工程师、卓越医生、卓越农林人才、卓越教师、卓越法治人才、卓越新闻传播人才教育培养计划2.0和基础学科拔尖学生培养计划2.0）和"双万"计划（指实施一流专业建设，建设一万个国家级一流本科专业点和一万个省级一流本科专业点）的实施，"新工科、新农科、新医科、新文科"建设（简称"四新"建设）成为国家高等教育的发展战略。2021年，教育部发布《新文科研究与改革实践项目指南》，设置了6个选题领域、22个选题方向，全面推进新文科建设研究和实践，着力构建具有世界水平、中国特色的文科人才培养体系。

新文科建设是文科的创新发展，目的是培养能适应新时代需要、能承担新时代历史使命的文科新人。2020年11月3日，全国有关高校和专家齐聚中华文化重要发祥地山东，共商新时代文科教育发展大计，共话新时代文科人才培养，共同发布《新文科建设宣言》。这里，我想引用该宣言形成的五条共识。

一是提升综合国力需要新文科。哲学社会科学发展水平反映着一个民族的思维能力、精神品格和文明素质，关系到社会的繁荣与和谐。

二是坚定文化自信需要新文科。新时代，把握中华民族伟大复兴的战略全局，提升国家文化软实力，促进文化大繁荣，增强国家综合国力，新文科建设责无旁贷。为中华民族伟大复兴注入强大的精神动力，新文科建设大有可为。

三是培养时代新人需要新文科。面对世界百年未有之大变局，要在大国博弈竞争中赢得优势与主动，实现中华民族复兴大业，关键在人。为党育人、为国育才是高校的职责所系。

四是建设高等教育强国需要新文科。高等教育是兴国强国的"战略重器"，服务国家经济社会高质量发展，根本上要求高等教育率先实现创新发展。文科占学科门类的三分之二，文科教育的振兴关乎高等教育的振兴，做强文科教育推动高教强国建设，加快实现教育现代化，新文科建设刻不容缓。

五是文科教育融合发展需要新文科。新科技和产业革命浪潮奔腾而至，社会问题日益综合化、复杂化，应对新变化、解决复杂问题亟须跨学科专业的知识整合，推动融合发展是新文科建设的必然选择。进一步打破学科专业壁垒，推动文科专业之间深度融通、文科与理工农医交叉融合，融入现代信息技术赋能文科教育，实现自我的革故鼎新，新文科建设势在必行。

为全面贯彻教育部等部委系列文件精神和全国新文科建设工作会议精神，加快文科教育创新发展，构建以育人育才为中心的文科发展新格局，重庆市率先在全国设立了"高水平新文科建设高校"项目。而四川外国语大学有幸成为重庆市首批"高水平新文科建设高校"项目三个入选高校之一。这就历史性地赋予了我校探索新文科建设的责任与使命。我们要立足"两个一百年"奋斗目标的历史交汇点，准确把握新时代发展大势、高等教育发展大势和人才培养大势，超前识变，积极应变，主动求变，以新文科理念为指引，谋划新战略，探索新路径，深入思考学校发展的战略定位、模式创新和条件保障，构建外国语大学创新发展新格局，努力培养一大批信仰坚定、外语水平扎实，具有国际化视野和国际治理能力的高素质复合型国际化人才。

基于上述认识，我们启动了"四川外国语大学新文科建设系列"丛书编写计划。这套丛书将收录文史哲、经管法、教育学和艺术学等多个学科专业领域的教材，以新文科理念为指导，严格筛选程序，严把质量关。在选择出版书目的标准把握上，我们既注重能体现新文科的学科交叉融合精神的学术研究成果，又注重能反映新文科背景下外语专业院校特色人才培养的教材研发成果。我们希望通过丛书出版，积极推进学校新文科建设，积极提升学校学科内涵建设，同时也为学界同仁提供一个相互学习、沟通交流的平台。

"新文科建设：以文化人系列"是"四川外国语大学新文科建设系列"丛书中率先启动的部分。以"以文化人"的面目出现，充分体现了新文科建设中"价值引领"的极端重要性，凸显了"价值引领"在新文科建设中的牵引作用。

这是因为：文化自信是实现中华民族伟大复兴的精神力量。社会主义核心价值观是文化最深层次的要素，文化自信在根本上取决于社会主义核心价值观的生命力、凝聚力、引领力。围绕举旗帜、聚民心、育新人、兴文化、展形象的使命任务，大力推动中华优秀传统文化创造性转化、创新性发展，培育践行社会主义核心价值观，高等文科教育作为培养青年人自信心、自豪感、自主性的主战场、主阵地、主渠道，坚持以文化人、以文培元，大力培养具有国际视野和国际竞争力的时代新人，新文科建设任重道远。

"新文科建设：以文化人系列"由我校二级教授、当代中国研究院首席研究员，重庆市文化软实力研究中心主任，原党委常委、纪委书记苟欣文教授领衔，组织我校中青年教学科研骨干担纲，围绕"以文化人"主题，分别从时代使命、红岩精神、世界多元文化、中华优秀传统文化、电影节展文化、校史文化、大学生社区文化等角度切入，比较全面、深入地总结了我校文化育人的成果。同时，本系列作为苟欣文教授负责的重庆市高校思想政治教育"十大育人"精品项目"文化育人"类型唯一立项的"构建'八大平台'，把'双红基因'和'多元文化'融入'三全育人'实践体系"课题的最终成果，还比较好地兼顾了兄弟高校在文化育人方面取得的成果。

本项目从立项到出书，历时三年有余。

如今，交由重庆大学出版社公开出版的本系列共包括七本：

《愿化青春成利剑——时代使命育人》（林移刚等编著）；

《千秋青史永留红——红岩精神育人》（苟欣文等编著）；

《各美其美　美美与共——世界多元文化育人》（朱天祥等编著）；

《国学根柢　世界眼光——中华优秀传统文化育人》（薛红等编著）；

《光影沁润心灵——电影节展文化育人》（丁钟编著）；

《海纳百川　学贯中外——校史文化育人》（官晴华等编著）；

《润物细无声——大学生社区文化育人》（崔光军等编著）。

本系列着重理论成果向实践路径的转化，至于学术原创，或许并非作者们的初衷。各位编写老师坚持这一明确定位，保证了这个系列成果在同类教材中的独特价值。这条路子是正确的，广大师生是会认可并喜欢上这套选题独到、装帧典雅、文字鲜活、图文并茂的参考教材的。

《周易》云："观乎天文，以察时变；观乎人文，以化成天下。"

这是中国文化传统中"文化"和"人文"这两个概念最早的出处。文化最终就是要"人文化成"。在现代社会,"文化"演化成了一个名词,但实际上,文化原本是一个动词,它的落脚点就在这个"化"字上。无论是感化,还是教化,都体现了文化的本身价值和社会功能。以文化人才是正解。

探索以文化人,是一项长期而艰苦且正在行进中的工作。客观地讲,本系列目前还只是一个阶段性的成果。尽管编者们已尽心尽力,但成果转化的空间仍然很大。尤其是,书中提出的一些路径是否完全可行,还需要时间和实践验证。但无论如何,这是一个良好的开始,我相信以后我们会做得越来越好。

感谢重庆大学出版社领导和编辑对本系列的大力支持。由于时间仓促,且囿于我们自身的学识和水平,本系列肯定还有诸多不足之处,恳请方家批评指正。

以文化人,生生不息。

2023年6月18日写于歌乐山下

前言

党的二十大报告指出，"构建人类命运共同体是世界各国人民前途所在"。"只有各国行天下之大道，和睦相处、合作共赢，繁荣才能持久，安全才有保障。"为此，"中国始终坚持维护世界和平、促进共同发展的外交政策宗旨，致力于推动构建人类命运共同体"。不仅如此，中国还提出了"全球发展倡议"和"全球安全倡议"，愿同国际社会一道努力落实。这充分体现了"中国式现代化是走和平发展道路的现代化"的庄严承诺。它意味着"我们坚定站在历史正确的一边、站在人类文明进步的一边，高举和平、发展、合作、共赢旗帜，在坚定维护世界和平与发展中谋求自身发展，又以自身发展更好维护世界和平与发展"。①这也再一次清楚地表明，"中国人民的梦想同各国人民的梦想息息相通"。②只要我们坚持相互尊重、交流互鉴的根本原则，世界各国命运与共的美好未来一定能够实现。

国际交流合作是高校的五大职能之一。

① 习近平：《高举中国特色社会主义伟大旗帜 为全面建设社会主义现代化国家而团结奋斗——在中国共产党第二十次全国代表大会上的报告》，新华网，访问时间：2022年10月16日。

② 习近平：《决胜全面建成小康社会 夺取新时代中国特色社会主义伟大胜利——在中国共产党第十九次全国代表大会上的报告》，新华社，访问时间：2017年10月27日。

《中华人民共和国教育法》第八章专题就"教育对外交流与合作"进行了规定。其中，第六十七条指出，"国家鼓励开展教育对外交流与合作，支持学校及其他教育机构引进优质教育资源，依法开展中外合作办学，发展国际教育服务，培养国际化人才"。[1]相对于其他类型的高校，外语院校在为社会主义现代化建设事业培育国际化人才方面具有举足轻重的地位。虽然国际化是所有高校应当承载的使命和责任，但是国际化在外语院校事业发展的排序中显然占有更加优先的位置，甚至可以说是外语院校的根本底色，也自然而然应当在其立德树人的工作和目标体系中扮演相当重要的角色。正如习近平总书记在给北京外国语大学老教授的回信中所指出的那样，"深化中外交流，增进各国人民友谊，讲好中国故事、推动中国更好走向世界、世界更好了解中国，这既是中国积极参与全球治理、推动'一带一路'倡议、构建人类命运共同体的必然要求，也是新时代外语院校的新使命"。[2]

　　如果说育人的根本是立德，而立德的重要内容之一是提升学生的国际素养，那么其具体的培养路径又何在呢？2017年，教育部党组印发的《高校思想政治工作质量提升工程实施纲要》系统地提出了构建课程、科研、实践、文化、网络、心理、管理、服务、资助、组织等"十大"育人体系。其中，关于文化育人质量提升体系的内涵包括："注重以文化人以文育人，深入开展中华优秀传统文化、革命文化、社会主义先进文化教育，推动中国特色社会主义文化繁荣兴盛，牢牢掌握高校意识形态工作领导权，践行和弘扬社会主义核心价值观，优化校风学风，

① 《中华人民共和国教育法》，中华人民共和国教育部网，访问时间：2021年4月29日。

② 王定华：《勇担新时代外语院校使命》，《中国教育报》2021年9月30日第7版。

繁荣校园文化，培育大学精神，建设优美环境，滋养师生心灵、涵育师生品行、引领社会风尚"。①虽然其提到的文化仅仅列出了中华优秀传统文化、革命文化、社会主义先进文化，但《中华人民共和国教育法》的第七条，同时提到了"吸收人类文明发展的一切优秀成果"。党的十九大报告在阐述坚定文化自信，推动社会主义文化繁荣兴盛方面，也提到

① 中共教育部党组：《中共教育部党组关于印发〈高校思想政治工作质量提升工程实施纲要〉的通知》，中华人民共和国教育部网，访问时间：2017年12月6日。

了"面向世界"的社会主义文化，以及"加强中外人文交流，以我为主、兼收并蓄"等内容。

　　本书认为，中外人文交流是发展面向世界的社会主义文化的自然延伸，也是彰显我国社会主义文化繁荣兴盛和高度文化自信的必然选择，同时是促进世界文化多样性、提升我国文化软实力的重要途径。在此过程中，以我为主和兼收并蓄的大原则体现的恰恰是马克思主义辩证法。"建设文化强国，需要坚持以我为主，但绝不是搞自我封闭，更不是搞唯我独尊，而是立足中国、面向世界，更好促进中华文化和各国文化相互取长补短、实现共同进步，为建设命运与共的美好世界提供持久而深厚的精神动力"。为此，在建设文化强国的过程中，"必须秉持开放包容、互学互鉴的理念，以更自信的心态、更宽广的胸怀，深入开展同各国文化交流合作，广泛参与世界文明对话，促进对彼此文化文明的理解、欣赏和借鉴，让各国人民更好了解中国，让中国人民更好了解世界"。①

① 黄坤明：《推进社会主义文化强国建设》，《人民日报》2020年11月23日第6版。

　　具体到外语院校的文化育人工作，正如前文所提到的，外语特色和涉外特点是此类高校可以且应当充分利用的比较优势。在外国

语大学，多元文化的特征体现在师生学习和生活的方方面面。从学校的校风校训，到学科专业的规划设置，再到课外活动和校园文化的开展，中国文化与外国文化，社会主义文化和资本主义文化，发展中国家文化与发达国家文化都有其合理合法合规存在的空间。但正如我们强调的是优秀的传统文化一样，我们在对待其他文化时也应当秉持一种去伪存真、去粗取精的严谨态度。归根到底，我们是社会主义的高校，我们办学的宗旨是为社会主义现代化建设培养合格的接班人。因此，我们必须牢牢掌握高校意识形态的领导权和主动权，既要引入多元文化，又要鉴别多元文化，要发挥优秀的多元文化对我方育人育才的参考价值和借鉴意义。与此同时，特别要把握好中国文化影响和引领其他文化的"度"和"路"的问题。

本书主张，针对高校的不同学生群体，多元文化育人的具体内容与方式应当同中有异。一方面，对于中国学生来讲，学习和了解其他文化的主要目的在于培养学生的国际视野、全球思维、多元理念、多样认知，从而培育学生各美其美、美人之美的心态；另一方面，对于国际学生而言，接触和感知中国文化的主要目的在于培养学生对中国文化的认同与亲近，从而培育学生知华友华、爱华助华的情怀。与此同时，推动中外学生开展文化交流与互鉴的主要目的则是培养学生致力于世界和平与发展的远大志向，从而培育学生美美与共、天下大同的抱负。当然，并不是说在文化育人过程中，不对中国学生展开中国文化的教育。相反，这是文化育人原本的核心所在。更何况没有接受广泛且深入的中国文化的教育和熏陶，就无法真正确保中国学生在接触其他多元文化时保持清晰的头脑和足够的定力，也就无从谈起文化自信的问题。只不过本书的重点在于关注多元文化，聚焦的是学生诸德中的国际素养，关于中国文化的教育也侧重于国际学生。至于针对中国学生的国情教育将在本丛书的其他单本中详细介绍。

为此，本书的撰写结构主要包括以下几章：

第一章旨在发掘和展示外国语大学的多元文化底蕴，并从学科专业设置的角度谈外国语大学多元文化的根基，从外籍教师队伍的角度谈外国语大学多元文化的载体，从国际化校园氛围的角度谈外国语大学多元文化的表现。

第二章旨在界定文化包容力的内涵，重点突出文化多元、相互平等、互相尊重、共生共存等理念，并从东西方语言文化以及非语言专业的国际化教学实践出发，梳理学生了解多元文化的全过程，同时从科学研究的角度出发，总结学生理解多元文化的全路径。

第三章旨在界定文化认同力的内涵，重点突出文化独特性、文化吸引力、文化影响力等概念，通过中国语言文化教学的各个环节，展现国际学生学习中国语言文化的过程与成效，同时挖掘国际学生在国情教育中听中国故事、讲中国故事的典型案例。

第四章旨在界定文化融通力的内涵，重点突出文化互学互鉴、求同存异、共生共荣等思想，梳理学校国际文化节关于多元文化的设计理念、活动安排、活动效果以及文化节期间涌现出来的能够体现中外学生文化交融的鲜活案例，并对学校多年来组织参与的涉外志愿者服务进行全方位总结，从一个侧面反映学生对多元文化交流的适应性和贡献度。

第五章旨在梳理重庆市内其他高校在多元文化育人方面展开的实践和取得的成效，主要介绍重庆大学、西南大学、重庆文理学院等综合类公办高校，西南政法大学、重庆医科大学、重庆理工大学等行业类公办高校，以及重庆外语外事学院、重庆移通学院、重庆财经学院等民办高校关于国际化发展规划、国际化人才培养、校园国际文化氛围营造等各具特色的探索与实践。

结语部分从推动构建人类命运共同体，推动重庆中西部国际交往中心建设，推动教育对外开放、推动学校国际化办学等维度，紧扣人才培养这个主题，从多元文化的角度描绘未来全员、全程、全方位育人的方向、目标、路径、方式等，结合学校"十四五"规划及中长期远景发展目标，进一步凸显外国语大学在文化育人问题上应有的贡献。

目录

第四章　　　文化融通力与中外学生的"全球抱负"

第五章　　　重庆市其他高校的多样性实践

结语

参考文献

后记

各美其美　美美与共

SISU

校史文化育人

01

第一章

四川外国语大学的
多元文化底蕴

四川外国语大学（简称"川外"）始建于1950年，是新中国设立的首批外语高等学府，是西部地区外语教育的发祥地。经过70余年的发展，学校已建成以外国语言文学学科为主，文学、教育学、经济学、管理学、法学、艺术学等多个门类相互支撑、协调发展的学科格局。学校坚持"建设特色鲜明高水平应用研究型外国语大学"办学定位，以"国际导向，外语共核，多元发展"为办学特色，以"外语+"为人才培养理念，秉持"海纳百川、学贯中外"的校训，发扬"团结、勤奋、严谨、求实"的校风，主动服务国家和地方战略，努力创新育人模式，全力提升办学水平，是西南地区外语和涉外人才培养以及外国语言文化、对外经济贸易、国际问题研究的重要基地。

学科专业设置的多元导向

作为一所外语类高等院校，四川外国语大学狠抓"外"字诀，在新时代全球化转型、对外开放与"一带一路"倡议背景下，紧紧结合新时代教育发展面临的新要求、新问题，以"守正创新"为总体思想，以"建设高水平应用研究型外国语大学"为发展定位，以"内涵发展、质量为先、中外合作、分类培养"为发展路径，致力于推动学科专业交叉融合，践行"外语+"人才培养理念，大力推进国际化、复合型、应用型人才培养模式改革。

为此，学校积极谋划，整合资源，通过综合改革的方式集中调整或设立了一批具有国际化特色的教学院系。如培养复合型外语人才的英语学院、法语学院、德语学院、日语学院、俄语学院、东方语言文化学院、西方语言文化学院和商务英语学院；培养汉语国际教育人才的中国语言文化学院；培养国际传播人才的新闻传播学院（重庆国际传播学院）；培养国际组织人才的国际关系学院；培养国际商务人才的国际金融与贸易学院和国际工商管理学院；培养国际法律人才和国际社区治理人才的国际法学与社会学院。这些学院又按照新文科和国际化的最新要求对各自的学科专业以及培养方案进行了针对性调整，力求体现多元文化在育人过程中的鲜明特色。

一、外语类专业

截至2022年8月，学校现有22个外语语种，包括英语、法语、德语、俄语、日语、西班牙语、阿拉伯语、葡萄牙语、意大利语、匈牙利语、波兰语、捷克语、罗马尼亚语、乌克兰语、朝鲜语、越南语、泰语、希伯来语、印地语、缅甸语、土耳其语和马来语。其中，英语、俄语、法语、德语、日语5个外语专业拥有完整的本硕博人才培养体系，阿拉伯语、西班牙语、朝鲜语、越南语等4个外语专业可同时开展本科生和硕士研究生培养。不仅如此，英语、阿拉伯语、德语、俄语、法语、日语、西班牙语、越南语、朝鲜语和意大利语还是国家一流建设专业（表1-1）。

表1-1　四川外国语大学（截至2022年8月）外语专业设置情况一览表

序号	专业名称	专业代码	学科门类	设置时间	培养层次
1	俄语	050202	文学	1950年设置	本硕博
2	英语	050201	文学	1959年设置	本硕博
3	法语	050204	文学	1960年设置	本硕博
4	德语	050203	文学	1961年设置	本硕博
5	西班牙语	050205	文学	1965年设置 2003年恢复	本硕
6	日语	050207	文学	1975年设置	本硕博
7	阿拉伯语	050206	文学	2006年设置	本硕
8	朝鲜语	050209	文学	2006年设置	本硕

序号	专业名称	专业代码	学科门类	设置时间	培养层次
9	意大利语	050238	文学	2007年设置	本科
10	印地语	050213	文学	2008年设置 2021年招生	本科
11	越南语	050223	文学	2009年设置	本硕
12	葡萄牙语	050232	文学	2011年设置	本科
13	泰语	050220H	文学	2016年设置	本科
14	希伯来语	050222H	文学	2016年设置	本科
15	匈牙利语	050237H	文学	2016年设置	本科
16	缅甸语	050216	文学	2017年设置	本科
17	波兰语	050228	文学	2019年设置	本科
18	捷克语	050229	文学	2019年设置	本科
19	马来语	050217	文学	2020年设置	本科
20	罗马尼亚语	050231	文学	2020年设置	本科
21	土耳其语	050235	文学	2020年设置	本科
22	乌克兰语	050247	文学	2020年设置	本科

在"外语+"人才培养理念的指导下，学校始终注重内涵式发展，重点培养学生听、说、读、写、译五大基本功，各语言对象国历史、政治、经济、社会、文化知识，以及中外人文素养和跨文化交际能力，通过通识教育、辅修第二学位、出国（境）教育等方式，采用"复语"（英语+第二外语、外语+英语）、复专业（英语/外语+外交学、新闻学［国际新闻］、法学［国际经济法］、国际经济与贸易或汉语国际教育等专业）的培养模式，大力推进国际化、复合型、应用型人才培养。

俄语专业创办于1950年。作为新中国成立后国内最早的俄语专业之一，该专业不仅是四川外国语大学的创校之本，是川外历史最悠久、特色最鲜明的传统优势专业，也是我国最重要的俄语人才培养基地之一，是重庆市"外向实践型俄语人才培养模式创新实验区"。俄语专业从1981开始招收硕士研究生，是西南地区最早的俄语硕士培养单位，目前已拥有完整的本科、硕士、博士培养体系。该专业是国家级一流专业建设点、西南地区唯一的国家级俄语特色专业；拥有一支高职称、高学历的"重庆市优秀教学团队"，所有教师均有在俄罗斯等国留学或访学经历，并常年聘请3名俄罗斯专家执教。该专业教学资源丰富，拥有俄语国家研究中心、中俄诗歌研究中心、俄语中心、白俄罗斯研究中心、俄语口笔译实验室等科研和教学实训平台；对外交流成果丰硕，与沃罗涅日国立大学、下诺夫哥罗德国立大学、下诺夫哥罗德国立语言大学等多所俄罗斯高校开展交流合作，为在校学生提供种类丰富的出国留学渠道和中俄两国的专业实践机会。

英语专业创办于1959年，是新中国最早开办的英语专业点之一，目前已拥有本科、硕士、博士以及博士后完整人才培养体系，是国家级一流专业建设点，国家级特色专业建设点，在师资队伍建设、教研科研实力、人才培养水平等方面，位居西南地区龙头，在中西部地区具有强大辐射力，在全国英语学界具有重要影响。根据中国科教评价网数据，在2022—2023年全国英语专业实力排行榜上，四川外国语大学英语本科专业位列全国第2位。该专业学生培养质量优良，学生近年在英语专业四、八级考试的通过率均大幅超过全国外语院校平均通过率；在各级各类国际交往活动中提供优质的外语志愿者服务；在"'外研社杯'全国英语辩论赛"、全国口译大赛、IDEA（国际英语辩论教育协会）国际英语辩论赛等国际国内重大赛事中屡创佳绩。该专业国际化交流成果丰富，所有教师均有海外留学、访学或进修的经历，并常年聘有外籍教师6名；与英国兰卡斯特大学和澳大利亚阿德莱德大学、麦考瑞大学等英语母语国家高校开展有合作科研、师生交流等多形式多层次的合作交流。

德语专业成立于1960年，是我国历史最悠久、底蕴最深厚的老牌德语专业之一，目前已拥有完整的本科、硕士、博士培养体系。该专业是首批国家级一流专业建设点、国家级特色专业建设点，拥有一支高职称、高学历的"重庆市优秀教学团队"，所有教师均有在德国等国留学或访学经历，并常年聘有数名德语国家外教。该专业教学资源丰富，德国研究中心是教育部重点资助的国家级区域与国别研究基地，歌德研究所和海涅中心是国内唯一同类机构；国际交流合作形式多样、层次丰富，国外合作伙伴包括德国杜塞尔多夫大学、奥斯纳布吕克大学、奥德河畔法兰克福欧洲大学、慕尼黑应用语言大学、比勒费尔德中等企业应用技术大学等高校，与上述高校开展教师合作科研项目、2+1+1本科交流项目、2+2本科双学位项目、4+2本硕连读项目和师生访学等项目，交流成果丰硕。

法语专业创办于1960年，是西南地区建设历史最长、办学层次最完整的法语专业，1998年获法语语言文学硕士学位授予权，2018年开始招收博士研究生，是国家级一流专业建设点、重庆市一流专业建设点，也是重庆市特色专业和"三特"建设专业。该专业所有教师均具有海外学习或进修、工作经历，常年聘有数名外籍专家任教，部分外籍专家还担任博士生导师。该专业注重拓宽办学渠道，与法国尼斯大学、拉罗舍尔大学、让·莫奈圣艾蒂安大学、勃艮第大学、诺欧商学院和加拿大渥太华大学、西安大略大学保持校级交流关系，每年通过"2+1+1"交流项目、"3+1"本科双学位项目、"3+1+2"本硕连读项目、"4+2"本硕连读项目等选派优秀学生赴国外交换学习。另外，为适应全球化深入发展和国家对外开放的战略需要，服务"一带一路"建设，在"新文科、大外语"的时代背景下，法语学院集中川外、西政两校优质核心资源，联合举办了"法语+法学"联合学士学位项目，积极推动学科交叉融合、优势互补。

西班牙语专业始建于1965年，是西南地区最早开设的西班牙语专业，2014年开始招收硕士研究生，是国家级一流专业建设点、重庆市一流专业建设点，也是重庆市特色专业和"三特"建设专业。该专业国际交流与合作历史悠久、形式多样、层次丰富。交流形式包括学生校际交流项目、师资培养、学术讲座和研讨会、图书资料建设等方面。该专业自20世纪90年代起就开始选送教师赴西班牙做访问学者，进行师资培养，并先后与西班牙圣地亚哥·德·孔波斯特拉大学、拉蒙尤伊大学、胡安·卡洛斯国王大学等高校开展合作，每年选送学生参加2+1+1交流项目、"2+2"本科双学位项目、"3+1+1"本硕连读项目等赴西班牙学习交流。同时该专业积极参与国家留学基金管理委员会举办的各类公派出国交流项目，已参与派出学生的国家有西班牙、古巴、墨西哥、哥伦比亚、哥斯达黎加、秘鲁等，专业国际化人才培养特色鲜明。

日语专业设立于1975年，是国内最早开设的日语专业之一，是首批国家级一流专业建设点，也是重庆市特色专业，设有本科、硕士、博士三个完整的教学层次。该专业研究生教育的主要奠基人黄瀛教授（1906—2005）是20世纪二三十年代蜚声日本诗坛的日语诗人，所有专任教师均具有出国留学及海外研修的学术经历，并长期聘请外籍教师2名。该专业重视学生国际化视野培养，与日本法政大学、广岛大学、北陆大学、流通科学大学、桐荫横滨大学等10余所学校合作开展硕/博研究生联合培养项目、"3+1"本科交流项目、"2+2"本科双学位项目等国际合作交流项目。鉴于日语专业对日语教学和中日交流做出的杰出贡献，四川外国语大学还于2015年获得日本外务大臣表彰奖，是西南地区唯一获此奖项的高校。

阿拉伯语专业设立于2006年，于2015年起招收硕士研究生，是国家级一流专业建设点。该专业是西南地区开办最早、规模最大、师资力量最强、教学资源最丰富，唯一具有本硕培养层次的阿拉伯语教学高地，是中西部地区阿拉伯语语言学、社会文化、翻译研究的重要基地，被"中评榜"评为"4★"专业，全国排名第8，具有明显领先优势。该专业践行"阿拉伯语+"人才培养模式，坚持学生语言技能和人文素养培养的传统，重视学生跨文化综合能力和思辨能力的提升。专业依托国家留学基金管理委员会举办的留学项目、学校与阿尔及利亚特莱姆森大学签约开展的交流项目等渠道，推行项目制合作办学，专业学生均有机会赴阿拉伯国家学习交流。

朝鲜语专业设立于2006年，是西南地区最早设立的朝鲜语专业，也是目前西南地区唯一本硕教育体系完备的朝鲜语专业，现为国家级一流专业建设点。该专业拥有一支全部拥有海外留学/研修经历的高学历、高水平、高素质的教师队伍，且长期聘请数名外籍教师执教。该专业立足西南，接轨韩国，具有鲜明的国际合作办学特色，国际交流项目丰富、国际交流活动频繁。该专业与延世大学、中央大学、韩国外国语大学、仁荷大学等近20所学校建立合作关系，每学期向合作学校派遣优秀学生进行为期半年至一年的交流学习，或派遣学生赴韩参加"2+2"本科双学位项目；同时，朝鲜语专业学生还可以通过国家留学基金管理委员会的交流项目赴韩学习。

意大利语专业建立于2007年，是西南地区第一个意大利语本科专业，2017年开始招收硕士研究生，现为国家级一流专业建设点。该专业所有教师都有出国留学、访学、进修或教学的经历，常年聘请经验丰富的意大利专家担任外教。该专业国际化建设成果丰硕，与意大利博洛尼亚大学、巴勒莫大学、圣心天主教大学等高校签约开展合作交流，每年均有70%以上的学生赴意大利进行一学期或者一学年的交流学习；还与意大利使领馆特别是意大利驻重庆总领事馆和意大利商会建立合作关系，培养学生的创新实践和跨文化交流能力。

越南语专业开设于2009年，于2014年起招收硕士研究生，是重庆地区开设最早并具有本硕培养层次的越南语教学高地，现为国家级一流专业建设点和重庆市一流本科专业建设点。该专业采取国际化的人才培养模式，与越南河内国家大学下属社会与人文科学大学签约开展"3+1"本科交流项目，每年选送数名学生赴越学习一年；与越南胡志明师范大学签署交换生协议，每年可选派3名优秀学生赴越学习半年或一年。同时，该专业也通过国家留学基金管理委员会的资助项目派遣学生赴越学习。

葡萄牙语专业开设于2012年，是西南地区最早开设的葡萄牙语专业。该专业立足"葡语+区域国别研究"的专业优势，注重打造具有国际化特色的人才培养模式，与葡萄牙阿威罗大学、新里斯本大学和巴西圣保罗大学等知名高校建立交流合作关系，以"2+1+1"本科交流项目的合作模式选送优秀学生前往葡萄牙、巴西等国交流学习；同时积极参与国家留学基金管理委员会的公派留学项目，依托优质国际合作资源培养复合型、应用型葡语人才。

泰语专业于2016年开始招收第一届本科生，是重庆市唯一的泰语专业。该专业所有专任教师均有在泰国长期留学交换的经历，并长期聘请2名外籍教师执教。该专业采取国际化的本科人才培养模式，与诗纳卡琳威洛大学签约开展"2+1+1"本科交流项目，选送优秀学生前往泰国学习；还通过国家留学基金管理委员会的资助项目派遣学生赴泰国玛希隆大学、朱拉隆功大学等高校学习，着力培养具有跨文化交际能力、国情研判能力、国际视野以及家国情怀的复合型泰语专门人才。

匈牙利语专业创办于2016年，是在"一带一路"背景下新开设的非通用语专业。该专业既注重培养学生的外语技能，又重视学生综合素质的提高，采用复语（"匈牙利语+英语"）、复专业［"匈牙利语+外交学"、新闻学（国际新闻）、法学（国际经济法）、国际经济与贸易或汉语国际教育等专业］的培养方式，着力培养语言基本功扎实，通晓国际规则，熟悉匈牙利国情，能为"一带一路"倡议、中国文化走出去、中匈交流起到积极推动作用的匈牙利语专业人才。该专业采用"2+1+1"中匈联合培养模式，通过与匈牙利罗兰大学签约开展的"2+1+1"本科交流项目和国家留学基金管理委员会举办的项目选派学生赴匈牙利学习交流。

希伯来语创办于2016年,是在"一带一路"背景下新开设的非通用语专业,既注重培养学生的外语技能,又重视学生综合素质的提高,采用复语("希伯来语+英语")、复专业〔"希伯来语+外交学"、新闻学(国际新闻)、法学(国际经济法)、国际经济与贸易或汉语国际教育等专业〕的培养方式,致力于通过希伯来语专业课及其相关跨专业课程,让学生了解和掌握较全面的以色列社会、经济、政治、历史及文化知识,熟悉中东地区的经济政治形势,培养具有国际视野、中国情怀、交流才能,能服务于国家和地方发展的希伯来语专门人才。该专业实行"2+1+1""中以"联合培养模式,学生在第三年可通过学校与以色列巴伊兰大学签约合作项目或国家留学基金管理委员会举办的项目前往以色列交流学习。

波兰语专业创办于2019年,是在"一带一路"背景下新开设的非通用语专业。该专业既注重培养学生的外语技能,又重视学生综合素质的提高,采用复语(波兰语+英语)、复专业〔"波兰语+外交学"、新闻学(国际新闻)、法学(国际经济法)、国际经济与贸易或汉语国际教育等专业〕的培养方式,通过波兰语专业课及其相关跨专业课程,让学生了解和掌握较全面的波兰人文、历史、政治、经济、社会、外交以及中波关系方面的知识,培养具有国际视野、中国情怀,能服务于国家和地方发展的波兰语专门人才。该专业实行"2+1+1""中波"联合培养模式,学生在第三年可通过学校与波兰雅盖隆大学、卡托维兹西里西亚大学签约合作项目或国家留学基金管理委员会举办的项目前往波兰交流学习。

捷克语专业设立于2019年，是在"一带一路"背景下新开设的非通用语专业。该专业既注重培养学生的外语技能，又重视学生综合素质的提高，采用复语〔（"捷克语+英语"）、复专业（"捷克语+外交学"）、新闻学（国际新闻）、法学（国际经济法）、国际经济与贸易或汉语国际教育等专业〕的培养方式，通过捷克语专业课及其相关跨专业课程，让学生了解和掌握较全面的捷克人文、历史、政治、经济、社会、外交以及中捷关系方面的知识，培养具有国际视野、中国情怀，能服务于国家和地方发展的捷克语专门人才。该专业实行"2+1+1"国内国外联合培养模式，通过学校与捷克帕拉茨基大学签约项目或国家留学基金管理委员会举办的项目选派大三学生前往捷克交流学习。

罗马尼亚语专业设立于2020年，是在"一带一路"背景下新开设的非通用语专业，既注重培养学生的外语技能，又重视学生综合素质的提高，采用复语（"罗马尼亚语+英语"）、复专业〔"罗马尼亚语+外交学"、新闻学（国际新闻）、法学（国际经济法）、国际经济与贸易或汉语国际教育等专业〕的培养方式，通过罗马尼亚语专业课程及其相关跨专业课程，让学生全面掌握罗马尼亚语国家的人文、历史、政治、经济、社会、外交等方面的知识，培养具有国际视野、中国情怀，能服务于国家和地方发展的罗马尼亚语专门人才。该专业实行"2+1+1"国内国外联合培养模式，即学生在第三年有机会通过学校与罗马尼亚亚历山德鲁伊万库扎大学签约项目或国家留学基金管理委员会举办的项目赴罗马尼亚交流学习。

乌克兰语专业创办于2020年，是在"一带一路"背景下新开设的非通用语专业，既注重培养学生的外语技能，又重视学生综合素质的提高，采用复语（"乌克兰语+英语"）、复专业［"乌克兰语+外交学"、新闻学（国际新闻）、法学（国际经济法）、国际经济与贸易或汉语国际教育等专业］的培养方式，着力通过乌克兰语专业课程及其相关跨专业课程，让学生全面掌握乌克兰语国家的人文、历史、政治、经济、社会、外交等方面的知识，培养具有国际视野、中国情怀，能为国家和地方发展贡献力量的乌克兰语专门人才。该专业实行"2+1+1"国内国外联合培养模式，学生在第三年有机会通过申请国家留学基金管理委员会项目资助前往乌克兰语对象国交流学习。

印地语专业设立于2008年，于2019年开始招生，是在"一带一路"背景下开设的南亚语种专业，目前拥有三名中教和一名外教，所有中教都具有在印度长期留学交换的经历。该专业既注重培养学生的外语技能，又重视学生综合素质的提高，采用复语（"印地语+英语"）、复专业（"印地语+外交学"）、新闻学（国际新闻）、法学（国际经济法）、国际经济与贸易或汉语国际教育等专业的培养方式，致力于通过印地语专业课及其相关跨专业课程，让学生了解和掌握较全面的印度人文、历史、政治、经济、社会、外交以及中印关系方面的知识，培养具有国际视野、中国情怀，能服务于国家和地方发展的印地语专门人才。该专业实行"2+1+1"国内国外联合培养模式，学生在第三年有机会通过申请国家留学基金管理委员会项目资助前往印度交流学习。

缅甸语专业开办于2020年，是在"一带一路"背景下新开设的东南亚语种专业，目前拥有两名中教和两名外教，所有中教均有在语言对象国长期留学交换的经历。该专业既注重培养学生的外语技能，又重视学生综合素质的提高，采用复语（"缅甸语+英语"）、复专业［"缅甸语+外交学"、新闻学（国际新闻）、法学（国际经济法）、国际经济与贸易或汉语国际教育等专业］的培养方式，通过缅甸语专业课及其相关跨专业课程，让学生了解和掌握较全面的缅甸人文、历史、政治、经济、社会、外交以及中缅关系方面的知识，培养具有国际视野、中国情怀，能服务于国家和地方发展的缅甸语专门人才。该专业实行"2+1+1"中缅联合培养模式，学生在第三年可通过学校与缅甸仰光大学签约项目或国家留学基金管理委员会举办的项目前往缅甸交流学习。

土耳其语专业设立于2020年，是在"一带一路"背景下新开设的中东语种专业，目前拥有两名中教和一名外教，中教均有在语言对象国留学交换的经历。该专业既注重培养学生的外语技能，又重视学生综合素质的提高，采用复语（"土耳其语+英语"）、复专业［"土耳其语+外交学"、新闻学（国际新闻）、法学（国际经济法）、国际经济与贸易或汉语国际教育等专业］的培养模式，通过土耳其语专业课程及其相关跨专业课程，让学生全面掌握土耳其语国家的人文、历史、政治、经济、社会、外交等方面的知识，培养具有国际视野、中国情怀，能服务于国家和地方发展的土耳其语专门人才。该专业实行"2+1+1"中土联合培养方式，通过学校与土耳其伊斯坦布尔大学签约项目和国家留学基金管理委员会举办的项目选派大三学生前往土耳其交流学习。

马来语专业设立于2020年，是在"一带一路"背景下新开设的东南亚语种专业，目前有三名中教和一名外教，所有中教均有在语言对象国长期留学交换的经历。该专业既注重培养学生的外语技能，又重视学生综合素质的提高，采用复语（"马来语+英语"）、复专业［"马来语+外交学"、新闻学（国际新闻）、法学（国际经济法）、国际经济与贸易或汉语国际教育等专业］的培养方式，通过马来语专业课程及其相关跨专业课程，让学生全面掌握马来语国家的人文、历史、政治、经济、社会、外交等方面的知识，培养具有国际视野、中国情怀，能服务于国家和地方发展的马来语专门人才。马来语专业实行"2+1+1"中马联合培养模式，即学生在第三年可通过学校与马来西亚理科大学签约项目或国家留学基金管理委员会举办的项目前往马来西亚交流学习（表1-2）。

表1-2　各语种开展国际交流合作项目信息表

序号	适用专业	国家（地区）	项目名称
1	法语	法国	勃艮第大学本科双学位项目
2			勃艮第大学硕士双学位项目
3			勃艮第大学本科学分项目
4			勃艮第大学硕士学分项目
5			第戎-勃艮第高等商学院硕士学位项目
6			拉罗舍大学本科学分项目
7			诺欧商学院硕士学位项目
8			让·莫奈圣埃蒂安大学本科学分项目
9			蔚蓝海岸大学硕士学分项目
10			蔚蓝海岸大学博士访学项目
11			利摩日大学本科双学位项目
12			让·莫奈圣埃蒂安大学本科双学位项目

序号	适用专业	国家（地区）	项目名称
13	法语	法国	斯特拉斯堡大学本科双学位项目
14		加拿大	西安大略大学硕士双学位项目
15			渥太华大学本硕连读项目
16	德语	波兰	密茨凯维奇大学本科学分项目
17		德国	奥德河畔法兰克福欧洲大学本科学分项目
18			奥斯纳布吕克大学本科学分项目
19			杜塞尔多夫大学本科短期研修项目
20			慕尼黑应用语言大学本科双学位项目
21			慕尼黑应用语言大学硕士学位项目
22			慕尼黑应用语言大学硕士双学位项目
23			慕尼黑应用语言大学本科学分项目
24			中等企业应用技术大学本科双学位项目
25			中等企业应用技术大学硕士学位项目
26	日语	日本	北陆大学本科双学位项目
27			大和语言教育学院本硕学分项目
28			二松学舍大学本硕学分项目
29			法政大学本硕学分项目
30			广岛大学本科学分项目
31			广岛文化学园大学本科学分项目
32			活水女子大学本科学分项目
33			九州外国语学院本科学分项目
34			流通科学大学本科学分项目
35			千驮谷日本语学校本科学分项目
36			十文字学园女子大学本科学分项目

续表

序号	适用专业	国家（地区）	项目名称
37	俄语	俄罗斯	沃罗涅日国立大学本科学分项目
38			下诺夫哥罗德国立大学本硕连读项目
39			下诺夫哥罗德国立大学本科学分项目
40			下诺夫哥罗德国立语言大学本科学分项目
41	葡萄牙语	巴西	圣保罗大学本科学分项目
42		葡萄牙	阿威罗大学本科学分项目
43			新里斯本大学本科学分项目
44	波兰语	波兰	卡托维兹西里西亚大学本科学分项目
45			雅盖隆大学本科学分项目
46	捷克语	捷克	帕拉茨基大学本科学分项目
47	西班牙语	西班牙	胡安·卡洛斯国王大学本科学分项目
48			胡安·卡洛斯国王大学"伊拉斯谟+奖学金"项目
49			拉蒙优伊大学本硕连读项目
50			圣地亚哥·德·孔波斯特拉大学本科学分项目
51	匈牙利语	匈牙利	罗兰大学本科学分项目
52	意大利语	意大利	巴勒莫大学本科学分项目
53			天主教圣心大学本科学分项目
54	阿拉伯语	阿尔及利亚	特莱姆森大学本科学分项目
55	朝鲜语	韩国	大邱大学本科学分项目
56			釜山外国语大学本科学分项目
57			韩国外国语大学本科双学位项目

序号	适用专业	国家（地区）	项目名称
58	朝鲜语	韩国	韩国外国语大学本硕学分项目
59			湖西大学本科学分项目
60			建国大学本科学分项目
61			岭南大学本科双学位项目
62			岭南大学本科学分项目
63			明知大学本科双学位项目
64			明知大学本科学分项目
65			庆星大学本科学分项目
66			仁川大学本硕学分项目
67			仁荷大学本硕学分项目
68			尚志大学本硕学分项目
69			首尔女子大学本科学分项目
70			淑明女子大学本科学分项目
71			延世大学原州校区本科学分项目
72			中央大学本科学分项目
73	缅甸语	缅甸	仰光大学本科学分项目
74	泰语	泰国	诗纳卡宁威洛大学本科学分项目
75	希伯来语	以色列	巴伊兰大学本科双学位项目
76			巴伊兰大学本科学分项目
77	越南语	越南	越南河内国家大学下属社会与人文科学大学本科学分项目
78			越南河内国家大学下属社会与人文科学大学硕士学分项目
79			胡志市明师范大学本科学分项目

续表

序号	适用专业	国家（地区）	项目名称
80	马来语	马来西亚	马来西亚理科大学本科学分项目
81	土耳其语	土耳其	伊斯坦布尔大学本科学分项目
82	英语	英国	埃塞克斯大学本硕学分项目
83		美国	肯特州立大学本硕学分项目
84		澳大利亚	阿德莱德大学本硕连读项目
85			阿德莱德大学硕士双学位项目

二、非外语类专业

除了外语学科，学校还充分发挥外语教育优势，积极发展相关学科专业，形成了文学、经济学、管理学、法学、教育学、艺术学等学科协调发展的办学格局，截至2022年8月开设有汉语言文学、金融学、法学、社会学、教育学、播音与主持艺术等29个非外语本科专业（表1-3）。

表1-3 四川外国语大学非（截至2022年8月）外语类专业设置情况一览表

序号	专业名称	专业代码	学科门类	备注
1	金融学	020301K	经济学	2008年设置
2	国际经济与贸易	020401	经济学	2006年设置
3	法学	030101K	法学	1998年设置
4	国际政治	030202	法学	2009年设置
5	外交学	030203	法学	2009年设置
6	社会学	030301	法学	2011年设置

序号	专业名称	专业代码	学科门类	备注
7	社会工作	030302	法学	2013年设置
8	教育学	040101	教育学	2013年设置
9	学前教育	040106	教育学	2018年设置
10	汉语言文学	050101	文学	2004年设置
11	汉语国际教育	050103	文学	1998年设置
12	翻译	050261	文学	2008年设置
13	商务英语	050262	文学	2010年设置
		050262H		2013年设置（中外合作办学）
14	新闻学	050301	文学	1998年设置
15	广播电视学	050302	文学	2008年设置
16	广告学	050303	文学	2003年设置
17	网络与新媒体	050306T	文学	2014年设置
18	财务管理	120204	管理学	2011年设置
19	人力资源管理	120206	管理学	2006年设置
20	审计学	120207	管理学	2013年设置
21	物流管理	120601	管理学	2012年设置
		120601H		2021年设置（中外合作办学）
22	电子商务	120801	管理学	2012年设置
23	旅游管理	120901K	管理学	2003年设置
24	广播电视编导	130305	艺术学	2012年设置
25	播音与主持艺术	130309	艺术学	2008年设置
26	大数据管理与应用	120108T	管理学	2021年设置
27	金融科技	020310T	经济学	2021年设置

上述各专业以"外语+""复合型""国际化"为抓手，着力培养新文科设定的七类复合型人才。首先，依托学校语言优势，厚植外语学习，在强化外语训练和提高学生外语能力的同时，加大具有专业特色的双语及全英课程开课力度，提高学生从事涉外事务、跨文化交流和讲好中国故事的综合能力。其次，通过中外高校联合培养、国（境）外访学、国（境）外实习实践等手段，进一步培养学生国际化视野，提升其跨文化交流和传播中国故事的实践能力，具有鲜明的"国际化"特色。最后，依托学校现有学科专业优势，强化相关学科领域间的专业知识融合，在原有人才培养方案中增设相关专业学科领域的专业限选课，提升学生理论与实务能力，具有明显的"复合型"特色。

汉语言文学和汉语国际教育专业全面贯彻"国学根底、世界眼光、创新服务"的办学定位，围绕"国际化""复合型"凝练学科特色。"国学根底"重点突出在外国语大学的多语种条件下完成文化传承和文化普及两项使命。"世界眼光"重点培养学生的英语及第二外语能力，走国际化发展道路，专业依托学校国际合作与交流平台，与泰国、印度尼西亚等国的小学、中学及大学等层次的学校联合打造西南地区涉外汉语人才的培养平台，向不同语种国家推广汉语文化，尤其注重巴渝文化与重庆形象研究；挖掘、研究与宣介重庆地域文化，基于多语种背景下的跨文化交流与传播，把世界介绍给重庆，把重庆推介给世界。"创新服务"坚持培养能够进行跨语种、跨文化、跨专业交流的学术型人才和积极服务于"中华文化走出去""一带一路"等国家及地方经济社会发展需要的高素质应用型国际汉语传播人才。

法学专业坚持"强外语、重复合"的办学特色，依托学校语言优势，厚植外语学习，加大双语及全英课程开课力度，开设法律英语基础、法律英语听说等特色课程，与涉外裁判机关、涉外律师事务所等单位共建实践教学基地，为学生参与涉外法律实践实习提供优质平台；依托学校经济学、管理学、社会学等学科专业优势，强化法学与国际经济与贸易、财务管理、社会学等专业知识的融合，开设国际经济法、国际贸易法、社会研究方法等专业课程，提升学生涉外法务工作的理论与实务能力。

社会学和社会工作专业的办学特色之一是"融合中外"，注重学生国际视野培养，加强专业知识和外语能力复合融通。首先，厚植英语课程，加大英语课、双语课开课力度，借助学校多语言辅修，强化外语训练和提高学生外语能力，凸显"专业+外语"复合优势。其次，通过国际社会工作、跨文化交流等特色课程，依托学校国际交流与合作平台，开阔学生国际视野和提升学生跨文化交际能力。

国际政治和外交学专业全面贯彻"国际问题导向、语言能力并重"的人才培养理念，以政治学学科专业理论知识为基础，搭建外交外事实验实践平台，通过"课程实验+项目实验+赛事实验+专业实习"四维一体的实践教学模式开展多样化的实验教学活动；同时，通过政治学科和外语学科的机制化交叉融合，依托学校的外语教学资源，强化学生外语教学，在学生掌握政治学学科专业理论知识基础上，提高学生从事涉外事务的外语综合能力，形成了国际化、复合型的专业特色。上述专业通过与英国埃塞克斯大学等国外知名高校合作，联合举办"国际组织人才实验班"，践行"新文科"与"国际化"双轨改革思路，融合国内外高校先进教学理念与课程设计，采用"英语+西班牙语""国际关系+微专业""国内本科+国际硕士"跨学科、跨文化、贯通式"复语复专业"国际组织人才培养模式，着力培养国际组织人才。

经济学类专业包括金融学、国际经济与贸易和金融科技，由国际金融与贸易学院承担人才培养任务。上述专业充分利用学校的外语学科优势和优质的外语教学资源，注重"外语+专业"的复合型能力塑造，打造全英教学、双语教学模式，充分发挥课堂教学与国内外实践教学密切衔接的教学特色，同时通过中外高校联合培养、国（境）外访学等手段，培养学生国际化视野，具有鲜明的"国际化"特色。上述专业学生可通过国际商业体验实习项目，进入位于香港/澳门的世界五百强外企交流学习，提升专业实践能力和综合运用能力。

管理学类专业包括财务管理、审计学、人力资源管理、旅游管理、物流管理、电子商务、大数据管理与应用专业，由国际工商管理学院承担人才培养任务。上述专业采取"专业化+国际化+数智化"的复合型人才培养模式，在注重专业培养的同时，厚植英语课程，加大全英课程和双语课程的开课力度，实现专业和外语之间的相互融合；开设跨文化交流系列课程，依托学校国际交流与合作平台，提升学生多元文化认知、理解和沟通能力；打造国际企业管理实践实训平台，培养学生创新精神和实践能力；引入数智化课程，提升学生的数据处理能力与数智化素养；全方位培养高素质、国际化、复合型、创新型工商管理人才、旅游与酒店管理人才、涉外物流管理人才、电子商务管理人才和大数据管理与应用人才。上述专业学生可通过国际商业体验实习项目，进入位于香港/

澳门的世界五百强外企交流学习，提升专业实践能力和综合运用能力。

新闻学、广播电视学、广告学和网络与新媒体专业全面贯彻"国际视野、复合融通、理实并重"的办学理念，学科发展、人才培养、条件优化等各个方面建设均围绕这个目标展开，最终实现学科建设的"文化贡献、理论贡献、知识贡献、人才贡献"，服务国家和地方经济社会发展。上述专业将人才培养全球化和本土化要求相结合，既强调学科变革与创新的国际意识，又强调结合我国实际服务国家与社会发展，同时依托学校外语资源，将外语和专业教学相结合，培养全球化背景下新闻传播专业与外语专业的复合融通，致力于培养复合型国际传播人才。上述专业学生可通过学校与澳大利亚阿德莱德大学合作开展的本硕联合培养项目前往澳大利亚交流学习。

艺术学类专业包括广播电视编导和播音与主持艺术专业，由新闻传播学院（重庆国际传播学院）承担人才培养任务。其中，广播电视编导专业的人才培养特色之一是"连通国际"，充分吸收学校的多语种优势及国际化资源，努力打造成为全国的国际影视制作、制片和译制高地，加大与国（境）外知名高校合作，以"平台建设+合作办学+双语特色"为依托，力争用影像语言讲述中国故事、传播中国声音。播音与主持艺术专业依托学校突出的外语优势和优质的教学资源，利用与广播电视学、广播电视编导等专业的互补优势，在讲授播音主持艺术相关基础理论知识和技能的基础上，加强对学生外语能力和实务技能的训练，以应用型、双语化为主要特色，培养内外兼修的国际化、复合型、高素质口语传播人才。

教育学类专业包括教育学和学前教育，由国际教育学院承担人才培养任务，依托教育学省级重点学科和学校外国语言学科的平台优势，以英语教育为重点，以"双语+国际"为抓手，以双语、全英文课程为特色，将教育国际化和学前教育国际化趋势与本土需求相结合，着力构建"国际视野+学科素养+双语特长+实践导向"的教育学和学前教育人才培养模式，从学科素养、基本技能、时代前沿、中外比较等多角度进行课程设置；以各项专业特色活动为平台，加大对学生外语水平、教学技能、跨文化交流能力的训练，充分体现了外语语言与教育学专业之间融合互通的办学特色。

三、中外合作办学项目

四川外国语大学与澳大利亚纽卡斯尔大学合作举办商务英语专业本科教育项目（以下简称"中澳项目"）是我校第一个经教育部正式批准举办的中外合作办学项目，为中澳两所大学合作举办的国际商务专业跨学科双专业双学位项目。四川外国语大学专业为文学类的商务英语专业（Business English），澳大利亚纽卡斯尔大学专业为商科类的商务专业（Business），旨在培养德智体美劳全面发展，具有扎实的英语语言应用能力和跨文化沟通能力，精商务、习金融、懂法律，能在国际环境中胜任商贸、管理、金融、外事等领域中的各项工作，具有创新思维、国际视野的高素质"外语+商务"双专业复合应用型国际化人才。该项目提供2种人才培养路径供学生选择："3+1"（"国内3年+国外1年"）或"4+0"（"国内4年+国外0年"）。其中，"3+1"模式分国内和国外2个阶段的培养，项目学生修完中外两校两阶段全部规定课程且成绩合格，可同时获得四川外国语大学本科毕业证书及学士学位（Bachelor of Arts，商务英语专业）和纽卡斯尔大学商科学士学位（Bachelor of Business，商务专业）（双学位）；选取"4+0"模式的项目学生可不出国进行第二阶段学业，4年学习均可在四川外国语大学完成，修满学分完成学业后将只获得四川外国语大学商务英语专业本科毕业证书及学士学位（单学位）。

本项目由中澳双方共同确定人才培养模式，共同制定人才培养方案、课程设置、教学大纲、教学进度、考核方式和教学管理模式，并根据实际情况适时进行修改和完善。项目采用层级式模块化课程设置，主要包括三大板块、五大模块。三大板块指英语语言文学课程板块、商务英语课程板块及商科核心课程板块；五大模块指语言技能模块、文化素养模块、商务英语模块、商务管理模块和金融会计模块。每一模块皆涵盖基础知识、理论综合应用与实践，专业选修课范围大，能满足不同层次学生的多元化需求。

四川外国语大学与法国斯特拉斯堡大学合作举办物流管理专业本科教育项目（以下简称"中法项目"）是我校第二个经教育部正式批准举办的中外合作办学项目，也是我校第一个学生不用出国即可获得两校学位证书及毕业证书的项目。该专业采用"4+0"双学位培养模式，本科学业全部在川外完成，学生在国内学习国外先进物流管理知识，不用出国，满足毕业及学位授予条件即可获得中法双学位（四川外国语大学管理学学士学位和斯特拉斯堡大学经济管理学士学位）。该专业旨在通过实质引进法国斯特拉斯堡大学物流管理专业教育理念、优质师资力量、高品质课程、多元教学方法以及教学材料等教育资源，结合我校法语教学优势，培养系统掌握国际物流、国际经济与国际管理相关基本知识和技能，具备良好的法语跨文化沟通能力，能胜任国家"一带一路"倡议和重庆地方经济发展需要，能在企业、科研院所及政府部门从事供应链设计与管理、物流系统优化及运营管理等方面工作的"厚基础、宽口径、强技能、高素养"、具有"中国情怀、国际视野、交流才能、创新精神"、能服务国家和地方需要的国际化、复合型、应用型物流管理专业人才。

本项目前身是我校与法国斯特拉斯堡大学合作开展的"2+2"本科双学位项目，即学生大一至大二两年在我校学习，除本专业课程外，还要额外参加法语语言和经济管理专业课程培训，顺利完成规定课程，考试合格者可进入斯特拉斯堡大学继续学习两年，达到两校毕业及授位条件后可获得两所学校授予的学位证书。自2008年两校决定开展"2+2"本科双学位项目以来，我校成立了"法语+专业"教学团队，所有经济管理专业课程均由法语授课，项目培养的学生语言能力强，专业基础扎实，赴法后成绩优异，充分展示了川外的师资水平和人才培养能力，获得了斯特拉斯堡大学很高的评价，为中法项目的申报和实施提供了坚实的合作基础。

师生团队建设的多元载体

外籍师生是外国语大学的重要组成，是学校开展教学、科研、文化活动的重要主体之一。他们的到来，为学校的多元文化增添了一道又一道亮丽的风景线。他们凭借自己博学的知识、高尚的品格、丰富的创意、青春的激情，为外国语大学的内涵式发展作出了重要的贡献。他们在校园内与中国师生互动交流，成为活跃校园多元文化氛围的重要载体。

一、外籍教师

经过70余年的发展，四川外国语大学外籍教师队伍实现了从无到有、从有到精的发展历程。近年来，学校常年聘请长短期外籍教师70余人，从2016年至2022年8月共计聘请来自全球36个国家及地区的180余名外籍教师，其中23%来自美国、10%来自法国、8%来自泰国、4%来自意大利、4%来自西班牙、4%来自日本、4%来自英国、4%来自爱尔兰、3%来自韩国、3%来自叙利亚，其余还包括俄罗斯、匈牙利、以色列、捷克、缅甸、土耳其、乌克兰、马来西亚等国家的教师。目前学校现有的22门语种均配备了外籍教师，也聘请了相当一

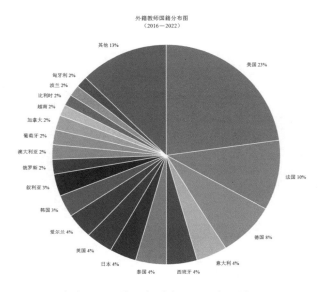

外籍教师国籍分布图
（2016—2022）

其他 13%
匈牙利 2%
波兰 2%
比利时 2%
越南 2%
加拿大 2%
葡萄牙 2%
澳大利亚 2%
俄罗斯 2%
叙利亚 3%
韩国 3%
爱尔兰 4%
英国 4%
日本 4%
泰国 4%
西班牙 4%
意大利 4%
德国 8%
法国 10%
美国 23%

批专业课外籍教师，其中研究生学历占比 62%（博士学位占比18%）。外籍教师不仅从事课堂教学，也参与硕士研究生和博士研究生培养，并与中国教师一起开展合作科研（图1-1）。

图1-1　外籍教师国籍分布（截至2022年8月）

阿拉伯语语言文学外籍教师赛勒玛·易卜拉欣（Salma Ibrahim），从2008年起来校教学，不仅在教学中认真严谨，通过阿拉伯语语言文学课，让学生领略到阿拉伯语里那些优美的文字和句子，还和中国教师吴昊一起，结合两位老师多年的教学经验，在摸透中国学生学习阿拉伯语的情况、习惯的前提下，创造性地改革以往的教材版本，编写并出版了《高级阿拉伯语精读》《简明阿拉伯语语法》等阿拉伯语教材，供四川外国语大学师生和全国阿拉伯语学习者使用。除了编写教材，赛勒玛·易卜拉欣还积极助推学校与阿拉伯语国家的文化、学术交流，推动我校与阿尔及利亚特莱姆森大学于2015年签署合作协议，开展师生交流。因其在教学科研及文化交流中的卓越贡献，赛勒玛·易卜拉欣曾于2017年在国家外国专家局举办的"外教中国"活动中被评选为十大年度人物，于2019年获得"感动重庆十大人物"称号，于2021年获得"重庆友谊奖"。

葡萄牙语外教"毛贝贝"原名阿尔贝托·佩雷拉·马丁斯（Alberto Pereira Martins），他热爱教学、关爱学生，支持我校葡萄牙语专业发展。"毛贝贝"是学生给他取的昵称，他说："我尊敬伟人毛泽东，也热爱中国文化。'贝贝'是学生送给我的爱称。他们总是排在我的第一位。我喜欢在川外教书，我爱川外，川外是我的第二个家！"毛贝贝每次课都会提前半个小时到达教室并站在教室门口和同学们一一击掌问好；每次课都会十分仔细地为学生们准备丰富的课程大餐，以至于总会因为课程太丰富而拖堂给学生带来甜蜜的负担。除了专业课，他还专为低年级学生增设外语角，每周二晚7点带领学生练习葡萄牙语。他亦师亦友，在课外时间总是邀约学生一起去食堂用餐，亲自制作葡萄牙美食和学生一起分享，在愉快的氛围下让学生体验葡萄牙文化、增加葡萄牙语练习机会。毛贝贝还趁每次回到葡萄牙休假的机会，自费为该专业购买葡语原文书籍并带来重庆。正如在四川外国语大学第三届"感动校园"人物获奖词写的那样：八载风雨，远渡重洋而来，一腔热血传道授业；三尺讲台，培育满园桃李，一身亲和待生如友。播种大爱情怀，你是师生爱戴的"毛贝贝"；传播中国故事，你是融入川外的"山城通"；搭建文化桥梁，你是教育国际化的前行者！

像这样的事例还有很多，比如参与重庆外宣视频《山水重庆 中国桥都》德语版本录制的德语外教沙明梅（德语名：Sabrina Chantal Stock），为了让更多德国人了解"山水重庆"，她翻阅了很多有关重庆桥梁建设的资料；比如邀请学生去家里，品尝泰国美食，学习打抛叶炒猪肉碎、香兰叶椰汁西米糕等泰国菜的做法，帮助学生更多地了解泰国文化与饮食的重庆媳妇、泰语外教赵倩（泰语名：Miss Chalanda Puttasiri-wong）；比如从事亚洲研究，传播中波文化的"长发及腰"的波兰语男外教傅静安（波兰语名：Jan Jakub Zywczok）；比如热爱重庆文化，通过文化讲座《大足—但丁：地狱文化的对比》传播重庆大足石刻文化的意大利语外教托维琴扎·阿尔米恩托（Vincenza Armiento）……他们在课堂教学中诲人不倦，在科研工作中孜孜不倦，在日常交往中乐于分享，为学校人才培养作出重要贡献的同时，也作为文化传播的使者和桥梁，为学校国际化的多元文化环境的构建和发展发挥了重要作用，也在中外文化、重庆文化和国外地方文化的交流中起到了促进作用。

二、国际学生

学校自1983年起招收国际学生，是重庆市首批接收国际学生的高校之一，至今已接收和培养了来自全球60余个国家的数千名国际学生。目前，学校国际学生培养体系包含非学历教育的汉语进修生和学历教育的本、硕、博学历生，同时为各国学生提供汉语言及文化学习的冬夏令营。学校为国际学生提供各类奖学金，如中国政府奖学金、国际中文教师奖学金、重庆市人民政府外国留学生市长奖学金、四川外国语大学国际学生校长奖学金等。2014—2021年，学校共计招收来自55个不同国家的国际学生1800余人次，已完全覆盖我校现有的国际学生人才培养类别和层次。其中，韩国学生占比23%，泰国学生占比22%，俄罗斯学生占比13%，意大利学生占比7%，多哥和美国学生均占比6%，法国和日本学生均占比5%，印度尼西亚学生占比2%，德国学生占比1%，西班牙、波兰、英国、乌克兰、越南、澳大利亚、捷克、土耳其等45个国家的学生合计占比10%。近50年来，来华留学教育对学校的多元文化构建作出了突出贡献（图1-2）。

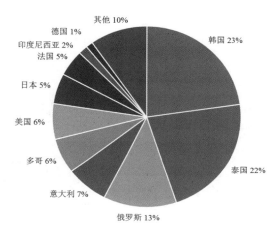

图1-2　国际学生国籍分布（2014—2021年）

　　首先，国际学生的不断增加使学校更具生机，校园的活动更加丰富，不同国家的文化得到了很好的融合。学校大力发展国际学生的本科教育，国际学生同中国学生同堂学习，有力促进了这个班级其他学生的语言和对外国文化的了解，同时本班的国际学生也充分融入中国的文化氛围，不同国家的学生之间有了更直接的交流，丰富了学校的多元文化发展，使学生们有了主动学习并逐步融入自我建设多元文化校园氛围的意识。同时，为增加中外学生交流机会，中国语言文化学院在其传统文化体验与研究中心专门开设了"汉语角"。汉语角每周二举办一次，交流内容丰富多彩，包括中国古典舞表演和体验、脸谱制作、中国传统乐器体验、皮影制作、中国扇制作、灯笼制作、风筝制作、茶艺等中国传统文化体验项目，还包括诸如击鼓传花、迷箱猜物、绕口令等特色游戏。同时，也有才艺交流等活动，为中外学生提供了很好的交流平台，提升了中外学生的语言能力和跨文化交际能力，加深了中外学生对各自文化的学习和体验，为学校多元文化氛围的营造添上了浓墨重彩的一笔（图1-3）。

图1-3　国际学生在汉语角的体验

其次，在学校鼓励和支持下，国际学生积极参加校内外各种活动，为校园多元文化建设和国际化氛围的增强提供了很好的补充。近年来，学校国际合作与交流处承办国家留学基金管理委员会"感知中国——城市行"之"桥都重庆——桥行千里心致广大"主题活动，以及自行主办的国际友人"感知巴渝——区县行"等系列活动，正在以川外独有的国际化特色讲述中国故事和重庆故事。学校每年举办的外语晚会、元旦晚会、新生才艺大赛、排舞比赛、体育文化节足球比赛、"二十四节气系列活动——非来不可歌乐蒙正荟"等大型文体活动中，都不乏我校国际学生活跃的身影；学校每年举办国际学生趣味运动会、国际学生新年联欢会等系列活动，在大大丰富了国际学生课余生活的同时，也给国际学生提供了展示个人风采和其传统文化的舞台，为全校中外学生的思想和文化交流提供了更为广阔的平台。另外，在中国各种传统佳节之际，学校还会介绍不同传统食品给国际学生，国际学生也会介绍他们自己国家的风土人情，通过这种形式生动形象地进行文化交流，开阔学生的眼界，提升学校的多元文化氛围（图1-4）。

图1-4　国际学生参加"感知巴渝·武隆行"活动合影

最后，近年来，国际学生活跃在各类社会文化活动中，很好地向社会展示了国际学生的风采和学校国际化多元文化氛围的建设成果，提升了学校的社会影响力。

2021年6月至9月，国际学院法国籍留学生罗曼参加了中国人民对外友好协会举办的"我眼中的中国——美丽乡村"

全球短视频征集大赛。他走进重庆市奉节县，以奉节县"中华诗城"的古韵和三峡夔门等秀丽江山的美景、中华名果脐橙和当地特色美食香菇酱、平安乡和青龙镇等美丽乡村的绿水青山及大好美景等为素材拍摄的短视频《我眼中的中国——美丽乡村·诗橙奉节》，获得了大赛的特等奖，通过外籍人士的独特视角，用"外眼""外语"向全世界展示中国建设美丽乡村取得的新成果、新发展。

2021年12月，国际学院法国籍留学生罗曼、菲律宾籍留学生刘佩佩、中国语言文化学院学生邵子涵组成的"芳馥中华"项目团队，带着其以传承和弘扬中国非遗香道文化，让中国3000余年历史的香道文化走向世界为主要目标的创新创业项目，在四川省人力资源和社会保障厅、四川省教育厅、重庆市人力资源和社会保障局、重庆市教育委员会共同主办的"创业西部留在双城"第二届成渝地区双城经济圈留学生创新创业大赛决赛中，荣获三等奖，位列高校组前四（图1-5）。

图1-5　罗曼（中）、刘佩佩（右）参加"创业西部留在双城"第二届成渝地区双城经济圈留学生创新创业大赛

2022年6月，中国语言文化学院多哥籍国际学生刘简在重庆市教育委员会主办、重庆师范大学承办、重庆市孔子学院工作联盟协办的首届重庆市国际中文教育大赛决赛中，敢拼敢闯，与来自重庆

大学、西南大学、重庆师范大学等24所高校的20名国际学生和40名中国学生，在知识竞答、无领导小组讨论、汉语教学、中华才艺展示等多个环节进行激烈角逐，以高涨的热情与优异的表现，取得佳绩，荣获国际学生组一等奖（图1-6）。这些成功的案例充分展现了我校在国际化多元文化氛围建设和国际学生教育中取得的骄人成果。

图1-6　刘简（左一）在首届重庆市国际中文教育大赛中荣获一等奖

校园文化塑造的多元要素

一、第二课堂活动

为打造优质多元的校园文化氛围，各学院在人才培养工作中，除了紧跟时代发展和专业发展要求，不断革新培养方案，在学生专业学习中提升其多元文化素养外，也开辟了如"外语角""英华萃戏剧社""旅梦者戏剧社""韩国文化协会""Smart动漫社""博艺莎剧社"等形式多样、内涵丰富的第二课堂平台。

其中，成立于2009年的博艺莎剧社是西南地区第一个学生英语剧社。剧社以"走进莎翁时代，重现戏剧魅力"为理念，一直秉承独立开放的原则，热情传播戏剧文化，传递戏剧理念，并且广泛参与学校和社会活动。其原创中文话剧《星光里的朱丽叶》在2014年入围首届重庆青年戏剧演出季，并且在重庆市国泰艺术剧院售票公演；在2015年第五届中国校园戏剧节斩获非专业组桂冠，获得"优秀展演剧目"称号，被央视网等媒体报道，并在重庆大剧院进行汇报演出。

成立于2017年的"英华萃"戏剧社以编译经典、演绎经典、传承文化为核心，依托中华经典著作、传统文化节日等，来彰显中国传统文化的魅力；剧社同时也关注经典英文著作，将其改编为话剧。从《梁祝》《青蛇》，到《雷雨》《日出》《长恨歌》，他们每年会呈现给全校师生一定数量的经典剧目。其英文话剧《驯悍记》曾在2021年4月举办的重庆市第十三届莎士比亚年会戏剧比赛中荣获特等奖；《罗密欧与朱丽叶》曾在2022年4月举办的重庆市莎士比亚研究会第十四届年会戏剧比赛中荣获一等奖。

学校每年也会在校园内举办文化周、口译大赛、演讲比赛、辩论大赛、文化知识竞赛、配音比赛、模拟新闻发布会、外语电影放映会、外语晚会、戏剧表演等第二课堂实践教学活动；指导学生参加各级各类专业性或文化类竞赛，提升学生专业实践能力的同时，为学生创建了良好的语言及文化环境（图1-7）。

图1-7 学生参加第二课堂教学实践活动掠影

二、校园文化建筑

在校园内，随处可见中外文双语或多语的名言警句、双语路牌、双语楼牌名、双语学院徽标等也时刻体现着学校的多元文化氛围。学校还富有颇具国际化特色的建筑，其中最有代表性的是万国语言文化墙和"对话"雕塑。

万国语言文化墙位于学校西区校园的歌乐广场，由24个字母按顺序以圆弧形排列组成，因此被师生们称为"歌乐字母墙"。中间的字母"O"上雕刻了象征翻译起源的巴别塔，塔下用中文刻写着"高塔巴别未建成，从此人间需象胥"，时刻提醒着川外学子身上肩负的重任；其余23个字母用中文、英语、俄语、德语、法语、日语、西班牙语、阿拉伯语、希伯来语、罗马尼亚语、匈牙利语、古希腊语等40多种语言雕刻着各国名言警句，鼓励学子们努力前行。

如用中文雕刻的孔子的"学而不思则罔，思而不学则殆"；用英语雕刻的莎士比亚的"The time of life is short；to spend that shortness basely，it would be too long（人生苦短，若虚度年华，则短暂的人生就太长了）"；用俄语雕刻的高尔基的"Есть только две формы жизни：гниение и горение（生命只有两种形式：腐烂和燃烧）"；用法语雕刻的笛卡尔的"Je pense， donc je suis.（我思故我在）"；用德语雕刻的但丁的"Wenn du eine weise Antwort verlangst，muBt du vernunftig fragen（想得到睿智的回答，就要先提出合理的问题）"；用朝鲜语雕刻的安昌浩的"흔히 사람들은 기회를 기다리고 있지만, 기회는 기다리는 사람에게 잡히지 않는 법이다. 우리는 기회를 기다리는 사람이 되기 전에 기회

를 얻을 수 있는 실력을 갖추어야 한다（我们不能只是等待机会，还要努力在机会来临前，增强自己的实力）”；用西班牙语雕刻的塞万提斯的“Cuando una puerta se cierra, otra se abre（当一扇门关闭时，另一扇门就会打开）”；用意大利语雕刻的但丁的“L'amor che move il sole e l'altre stelle（是爱，动太阳，移繁星）”；用日语雕刻的清少纳言的“春は、あけぼの。夏は、夜。秋は、夕暮。冬は、つとめて（春，曙为最。夏则夜。秋则黄昏。冬则晨朝）”；用越南语雕刻的 Nguyễn Bá Học 的“Đường đi khó，không khó vì ngăn sông cách núi mà khó vì lòng người ngại núi e sông（路难，不是因为水离山而难，而是因为人怕山怕水才难。）”；用匈牙利语雕刻的裴多菲的“Szabadság，szerelem! E kettő kell nekem. Szerelmemért föláldozom Az életet，Szabadságért föláldozom Szerelmemet（生命诚可贵，爱情价更高。若为自由故，两者皆可抛）”；用挪威语雕刻的易卜生的“At leve er — krig med trolde i hjertets og hjernens hvælv（活着就是——在心脏和大脑的金库中与巨魔作战）”；用丹麦语雕刻的安徒生的“At rejse er at leve（旅行就是生活）”；用葡萄牙语雕刻的路易斯·德·卡蒙斯的“Aqui, onde a terra se acaba, e o Mar Começa（陆止于此，海始于斯）”；用荷兰语雕刻的斯宾诺莎的“Het doel van de politiek is des in werkelijkheid de vrijheid（政治的真正目的是自由）”；用捷克语雕刻的朱利叶斯·伏契克的“Hrdina je taka osoba ktora v rozhodujucom momente robi v prospeech celeho l'udstva（英雄是在关键时刻为全人类谋福利的人）”；用罗马尼亚语雕刻的米哈伊·艾米内斯库的“In lumea asta sunt femei Cu ochi ce izvorasc scantei Dar, oricit ele sunt de sus, Ca tine nu-s, ca tine nu-s（世间有女子，眼如春光，但，纵然从天而降，她们不像你，她们不像你）"。其他的还包括芬兰诗人艾诺·莱诺、古希腊诗人荷马、印尼作家普拉姆迪亚·阿南达·杜

图1-8　万国语言文化墙

尔、马来西亚国父东姑阿都拉曼等的名言警句。沿着语言墙行走，就像进行了一场跨越国家跨越时空的旅行，在和先贤的对话中获得知识和文化的升华（图1-8）。

雕塑"对话"于2020年10月23日揭幕，坐落于学校太阳广场内，正对学校最具有历史文化意义的三花路，再现了两位伟大的思想家、东西方文明的两座高峰——孔子和柏拉图的气度和风范。雕塑"对话"的创作灵感来源于学校"海纳百川、学贯中外"的校训，希望通过孔子和柏拉图这两位中西闻名的思想家来展现这一理念，促进培养能够放眼世界，有中国气魄的川外学子（图1-9）。

图1-9　雕塑"对话"

三、外语文化体验中心

为更好地帮助学生体验所学语言的文化特色，学校还建立了相应语种的体验室，如日本文化体验室、东南亚国家文化体验中心等。外语文化体验中心既是学生体验各国文化、熟悉各国风情的实习实践场所，也是教师传道授业、沉浸教育的教学场地，让学生在学习语言的同时近距离接触各语言对象国的文化，学以致用，寓教于乐。

日本文化体验室配备了日本传统服饰、乐器、绘画艺术品、陶艺品、茶器等文化产品，能够帮助学生直观感受和体验日本特色的文化内容。同时，设置了花道体验区、茶道体验区和书道体验区等文化活动区域，便于开展形式多样的文化教学活动，为日语专业师生多方位地了解日本文化提供了实景式学习环境（图1-10）。

图1-10　日语专业师生在日本文化体验室举办文化活动

东南亚国家文化体验中心配备有数量繁多、种类丰富的目标国传统服饰、乐器、雕塑等文化产品，能够帮助相关语种专业的学生直观地感受、体验、学习和了解所学语言背后承载的优秀文化，从而更加清楚地了解所学语言的意义，增强学习兴趣。中心每个文化产品都附有中外双语展示牌（"中文+越南语或泰语"等东南亚国家语言），让学生在潜移默化中提升语言能力的同时，更生动清晰地了解东南亚国家的文化。各语种教师也会根据教学内容选择体验中心作为教学场所，如"越南概况""缅甸概况""泰国概况""马来西

亚概况""泰国文化""越南文化""东南亚概况"等课程经常都会选择在此上课。丰富多样的国际化特色活动也经常在中心展开，包括庆祝泰国"水灯节"活动、"画斗笠"大赛等（图1-11）。

图1-11　师生在东南亚国家文化体验中心举办泰国"水灯节"活动

四、多语广播站、多语融媒体产品、多语门户网站

　　学校充分发挥多语种语言优势，设有多语种广播站，并根据学校实际情况逐年增加服务语种，现有英语、阿拉伯语、俄语、德语、法语、朝鲜语、日语、西班牙语、葡萄牙语、泰语、越南语、意大利语等12个语种。每天中午和傍晚，广播站会以多语种播报近期热点新闻或播放外语音乐节目，为师生驱除一天繁重课程带来的疲惫，让大家在享受惬意的休息时光的同时继续保持与国际同步，在娱乐中增进外语学习。

同时，学校创新载体，拓展渠道，推出国际传播融媒体产品，多形式"讲好中国故事，传播川外声音"。学校中外教师参与录制重庆外宣新媒体产品《山水重庆 中国桥都》，用日语、法语、德语、俄语、西班牙语、阿拉伯语、朝鲜语等7个外语语种传播重庆故事。结合校园文化，推出外文版学校形象宣传片、多语种外文门户网站宣传片，开设"多语种诵读二十四节气""悦读阅美"多语种文学作品诵读等微信专栏，打造《我与德语的故事》《我与日语的故事》《我与韩语的故事》等系列专业介绍视频，打造外教专访系列视频《我和川外的故事》，多维度、多视角、多形式展现川外中外文化交流特色。学校还利用官网、微信、微博等全媒体渠道积极宣介"川外国际文化节"、国际学术活动等川外国际化特色活动。

为贯彻落实习近平总书记关于加强国际传播能力建设的重要指示，充分发挥学校多语种、跨文化的学科资源优势，突出学校人才培养特色和 "国际化"特色，提升学校国际传播影响力，学校以多语种、跨文化的学科资源优势为依托，以构建我校新媒体时代国际形象为指向，以加强我校国际传播能力建设为核心，于2022年5月建成综合联动、特色鲜明、高效科学的多语种外文门户网站。多语种网站具有三个鲜明特征：一是专业语种全覆盖，拓展传播阵地。网站覆盖学校22个外语语种专业，涵盖联合国所有工作语言和主要非通用语种，成为中西部语种数量最多的外文门户网站。二是不同语种分层分类，梯队建设矩阵体系。针对不同语种建设力量和传播效果，分类进行栏目设置和内容生产，形成以英语网站为核心，以俄语、法语、德语、西班牙语等9个具有硕士点专业为重点，以其他语种为延伸的"1+9+12"的网站建设格局。三是打造特色栏目，注重传播实效。经过反复调研与论证，明确受众的文化结构和认知取向，以本地化译写为理念，结合各语种专业开设魅力重庆、人文沙磁、眼观天下、黄瀛诗选等特色栏目，向海外展示中华传统文化以及当下中国最生动真实的发展变化，助力服务重庆内陆开放高地建设（图1-12）。

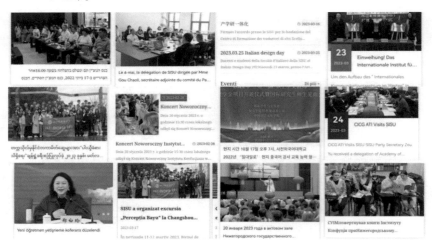

图1-12　多语种门户网站截图

五、涉外教育与文化交流机构

学校与国外政府及教育机构合作设立歌德语言中心、俄语中心、重庆塞万提斯语言中心、意大利语中心、白俄罗斯研究中心等涉外教育与文化交流机构。多家机构落户川外，为我校师生及西南地区的外国语言及文化爱好者提供语言培训、文化体验的平台，促进中外文化交流。

歌德语言中心成立于2009年，位于学校东区国际大厦，主要负责提供符合国际先进教育理念的德语课程，并举办或协助举办各类有关德语、德国的文化交流活动。共培训了近5000名学员，为3000余名德语学习者提供了语言考试，举办文化活动300多场，为提升我校国际化水平、促进重庆与德国的人文交流作出了积极贡献。

俄语中心成立于2009年，位于学校东区国际大厦，经中俄两国教育部批准和授权举办，是全国第四个、西南地区唯一的国家级"俄语中心"。作为俄语和俄罗斯文化重要的教学和推广基地，主要负责提供俄罗斯留学、俄语培训、俄语语言等级考试、俄语夏令营等活动，旨在深入贯彻中俄两国政府间教育领域的合作精神，把俄语作为服务国家"一带一路"倡议的关键语种，为中俄高等教育交流搭建更为广阔的平台。

重庆塞万提斯语言中心成立于2011年，位于学校东区国际大厦，是西南地区权威的西语培训和考试机构，致力于西班牙语教学、考试及西班牙语言、文化的推广。中心课程完全遵循塞万提斯课程计划及欧洲语言教学与评估框架性共同标准（A1，A2，B1，B2，C1，C2）进行设置。除教学外还开展DELE和SIELE两种国际性考试。

意大利语中心成立于2015年，位于学校国际大厦，由学校与锡耶纳外国人大学合作举办，是意大利驻重庆总领事馆官方认可的专业性意大利教育交流活动中心。中心致力于开展意大利语学历教育、意大利留学项目、意大利语培训、意大利语考试、夏令营游学和中意文化交流。

白俄罗斯研究中心成立于2019年，位于学校大礼堂，是西南地区设立的首个白俄罗斯研究中心，该中心旨在通过对白俄罗斯的相关研究，加强中国和白俄罗斯间的文化与教育合作，扩宽中国与白俄罗斯在政产研学领域的交流；同时作为中白交流平台，推动学校与白俄罗斯高校和机构间的人文交流。成立4年来，白俄罗斯研究中心积极与白俄罗斯共和国驻重庆总领事馆、白俄罗斯瓦罗莎（重庆）有限责任公司及白俄罗斯高校开展合作，推动白俄罗斯法律的翻译及教学科研合作，先后参加了10余次中白国际论坛，编写出版了《斯拉夫国别研究：白俄罗斯 乌克兰》，翻译出版了《白俄罗斯—中国：友好互利合作30周年》。

02

第二章

文化包容力与中国学生的国际视野

在一个全球化的新时代，具备宽广的国际视野已经不再是一种选择，而是一种必须和必然。在"引进来"和"走出去"的机会大幅增加的今天，接触国外多元文化对于高校学生来讲已经不那么新鲜了，反而是如何对待外来文化成为人才培养体系的一个重要环节。当然，我们要旗帜鲜明地抵制那些腐朽和虚无的文化糟粕，但与此同时，我们也要引导学生正确、理性、包容地看待人类其他文化成果，并在以我为主的前提下，充分吸收和借鉴其他文化的优秀部分，这才是当代大学生对多元文化应有的世界观和价值观。

文化包容力释义

一、文化包容力的内涵

在中文语境中，文化是指人类在社会历史发展过程中所创造的物质财富和精神财富的总和，特指精神财富，如文学、艺术、教育、科学等。包容可以作为动词，意指"宽容"和"容纳"之意。力主要是力量或能力。[1]在英文中，文化包容由两个英文单词"cultural"和"tolerance"构成，前者是形容词，指文化的或文化上的后者是名词，指愿意接受或允许某人不喜欢或不同意的行为、信仰、习俗等。[2]从中英文的词源上来看，文化包容均指文化主体对存在差异的异域文化主体的观念、信仰和习俗的接纳，体现出对异域文化差异的宽容。

随着跨越国界人口流动的加速，世界范围内人员往来愈发密切。在全球人口快速流动的背景下，文化包容力是指不同国家的公民在跨文化语境下接受和包容世界

[1] 相关文字或词组的具体释义，具体参见中国社会科学院语言研究所词典编辑室编：《现代汉语词典（第5版）》，商务印书馆2005年版，第44、836、1427页。

[2] 朱原等译：《朗文当代高级英语辞典》，商务印书馆1998年第一版，第361、1628页。

其他国家或地区不同观点、意见、风俗、价值标准等方面的能力。文化包容力是一种尊重和适应文化差异的能力。作为当代大学生综合能力的主要组成部分，文化包容力是国际化人才全球胜任力的重要维度。良好的文化包容力有助于培养学生的国际视野，塑造全球眼光，是培养世界公民的应有之义。

二、文化包容力与外国语言文化

文化包容涉及不同人群或国家对其他族群和国家文化的接纳，从而在世界范围形成不同文化共同发展的态势，形成多样文化共生的多元文化体系。在一国内部，文化包容可以形成不同社会行为体之间的和谐共生，实现社会包容，社会稳定。在世界范围内，文化包容和宽容可以在拉近讲不同语言、信奉不同宗教、遵循不同习俗和信仰不同价值观的人之间的距离，有助于加深不同国家公民之间的相互理解和信任，促进各国人民之间的文化交流，进而加强全球和平与安全，实现不同文明主体之间的相互理解，有利于加快国际社会的一体化进程，有助于推进人类命运共同体建设。

然而，在现实世界中，并非所有人都能实现文化容忍。部分群体因为文化优越感，产生文化傲慢，歧视其他文化的人群，从而导致双方的沟通障碍，形成文化冲突和仇恨，造成不同文化之间的隔阂，甚至出现文明冲突。文化不容忍的根源是仇外心理、种族主义和单边主义，往往导致区域和全球的紧张局势，不同族群或集团之间的冲突甚至战争，霸权国家据此在世界范围内推行文化霸权，服务于本国利益。因此，文化包容关乎国家发展和世界和平，意义重大。

鉴于此，在全球化浪潮下，中国亟须提高当代大学生的文化包容力，在强化中国文化自信，弘扬中国文化的同时，通过多种渠道，积极学习外国语言文化，加强不同国家的文明互鉴。在此过程中，接触新文化的大学生会很快意识到，在与母语者的互动中，尤其是非通用语母语者中，其普遍存在语言障碍，通常需要尝试在新语言文化背景下熟悉对方国家的语言，提高精准使用对方国家语言的能力。一般而言，精通不同语言的人被认为具有较高的文化包容力，具备较强的跨文化交流能力。[①]鉴于此，有必要大力推动外语教学研究，深入研习对方国语言文化，帮助大学生实现多语能力，切实提高当代大学生的文化包容力，实现其与不同国家人群的无障碍交流。

> ① 关于语言与文化包容力的一般讨论。

三、外国语言文化与大学生国际化视野

随着"一带一路"倡议的持续实施，我国对外开放的程度进一步深入，与外界的交往愈发频繁，具备国际视野成为新时期大学生必备的素质之一。国之交在于民相亲，民相亲在于心相通，心相通在于语相融。语言是民心相通的根本，语言人才培养具有极其重要的意义。在培养语言人才的过程中，跨文化语言教育应顺应时代要求，利用其特有的教育内容和教育途径来帮助大学生学习跨文化知识、训练跨文化沟通能力、提升跨文化素养，助其全面形成国际视野。外语教育的多元内容，融通中外文化，通过类型丰富的中外合作交流活动，丰富的教学内容和多样教学方式，有益于学生形成全球视野。

作为与国际化天然联系的学科，外语专业的教学研究效

果直接影响着大学生国际视野的开阔程度。大学外语教学应当在人才培养理念和定位、培养方案教学体系、实践实验教学等方面进行优化，多元融合，充分发挥其在培养学生国际视野中的积极作用。在对对方国家进行区域国别研究时，我们要立足中国需求，面向当地实际，通过跨学科的方式，协同推进对对方国家的研究，形成一系列聚焦对方国家重点问题的多样化成果。通过高水平的师生一体化研究，反哺高水平教学活动，帮助外语专业学生掌握对方国家多方面的基础知识，具备在对方国家开展工作的基本能力，基本理解对方国家的发展特性，助力发展与对方国家的友好关系。

第二节

东西方语言文化的教学实践

学校的东西方语言文化教学是一个立德树人的系统性工程，包括人才培养理念与定位、教学体系与内容、教学方法与手段、教学过程与评估、教学成果与成效等内容。东西方语言文化教学以域外地区的语言文化为学习对象，旨在全面掌握对方国家的语言、文化等方面的内容，是中国师生逐步了解域外语言文化知识，实现有效对外交流的过程。在此过程中，我们也可以实现对外传播中国文化，逐步实现中外文化的相互融通，体现该学科的学科特性。

学校的东西方语言文化教学，尤其是非通用语教学，由重庆非通用学院，即东方语言文化学院与西方语言文化学院来具体承担。在多年的办学过程中，教学过程逐步呈现出四川外国语大学的学科特色。

一、人才培养理念突出复语、复专业

在人才培养理念上，基于"一带一路"倡议、西部大开发、内陆开放高地建设背景，采用复语（"非通用语+英语"）、复专业〔"非通用语+外交学"新闻学（国际新闻）、法学（国际经济法）、国际经济与贸易或汉语国际教育]培养方式（复专业学习根据学校相关专业辅修双学位专业培养方案执行）。采用中国与非通用语国家合作培养模式，为学生创造良好的复语与复专业学习条件和国际交流平台。学校在新开设的印地语、缅甸语、马来语、土耳其语、波兰语、捷克语、罗马尼亚语、乌克兰语，以及新招生的希伯来语和匈牙利语专业，均采用复语复专业的培养模式，受到社会各界的一致好评。

二、人才培养定位凸显多元融合

在人才培养定位上，各非通用语专业旨在培养具备相关语种基本功和综合能力，熟悉对方国家的政治、经济、社会、文化等方面的知识，掌握我国的方针政策和法规，人文素养广博、实践能力过硬，具有开阔的国际视野、跨文化交际能力、国情分析能力、较强的创新能力和独立解决问题的能力，能在政府部门、教育科研、事业单位、涉外企业、国际组织、新闻媒体、旅游管理等部门从事工作的非通用语专业人才。人才培养不再拘泥于传统的语言、文化和翻译领域，而是拓展到与语言相关的诸多应用领域，已经实现从语言"拐杖"到语言"探照灯"的转变。

三、人才培养方案彰显多样交融

教学体系集中体现在人才培养方案上，它是落实党和国家关于人才培养的总体要求，是开展教学活动、安排教学任务的规范性文件，是人才培养的基本依据。人才培养方案应当体现最新国家专业教学标准的基本要求，包括专业名称及代码、入学要求、修业年限、学分、职业面向、培养目标与培养规格、课程设置、学时安排、教学进程总体安排、实施保障、毕业要求等内容，并附教学进程安排表等。各个学校可根据区域经济社会发展需求、学校办学特色和专业实际制定各个专业的人才培养方案。人才培养方案是人才培养理念和定位的集中呈现，是人才培养过程的重要体现，是不同类型课程的有机组合，是培养具有世界眼光、中国情怀的世界公民的集中体现。

以下为2020级马来语专业和乌克兰语专业人才培养方案，集中体现了学校东西方语言文化教学对学生文化包容力和国际视野的塑造（表2-1、表2-2）。

表2-1 马来语专业本科人才培养方案

一、培养目标

本专业旨在培养具有良好的思想道德素养和社会责任感，人文素养广博，具有开阔的国际视野，掌握马来语国家政治、经济、社会、文化等方面知识，熟悉中国语言文化知识，具备外交学、国际新闻、国际法、国际经济与贸易或汉语国际教育中的某一复专业知识，具备扎实的马来语基本功和综合能力与一定的英语双语应用能力，具有跨文化交际能力、国情研判能力、较强的创新能力、独立解决问题的能力和一定研究能力，能在政府部门、教育科研、事业单位、涉外企业、国际组织、新闻媒体、旅游管理等部门从事涉外工作的复合型马来语专业人才。

二、专业特色

马来语专业是在"一带一路"倡议、西部大开发、内陆开放高地背景下开设的非通用语专业。本专业采用复语（"马来语+英语"）、复专业，即"马来语+外交学"、新闻学（国际新闻）、法学（国际经济法）、国际经济与贸易或汉语国际教育培养方式（复专业学习根据学校相关专业辅修双学位专业培养方案执行），采用中马合作培养模式，为学生创造良好的复语与复专业学习条件和国际交流平台。

续表

三、课程设置及教学进程表

（一）通识教育课程

1.必修课程

课程代码	课程名称	学分	学时	学时分配			开课学期
				理论学时	实践学时	实验学时	
101	Pemupukan Moral Ideologi dan Asas Undang-Undang 思想道德修养与法律基础	3	48	39	9	0	1或2
102	Garis Besar Sejarah China Modern dan Kontemporari 中国近现代史纲要	3	48	39	9	0	1或2
103	Pengenalan Prinsip Asas Marxisme 马克思主义基本原理概论	3	48	39	9	0	3或4
104	Pengenalan Pemikiran Mao dan Sistem Teori Sosialisme Ciri-Ciri China 毛泽东思想和中国特色社会主义理论体系概论	5	80	64	16	0	3或4
105	Situasi dan Dasar 形势与政策	2	32	32	0	0	1-6
106	Pendidikan Inovasi dan Keusahawanan * 创新创业教育*	2	32	32	0	0	2
107	Panduan Pekerjaan dan Perancangan Perkembangan Kerjaya untuk Siswa 大学生职业生涯发展规划与就业指导	2	32	32	0	0	2、5
108	Pendidikan kesihatan mental Siswa 大学生心理健康教育	2	26	26	0	0	1

课程代码	课程名称	学分	学时	学时分配			开课学期
				理论学时	实践学时	实验学时	
109	Pendidikan Keselamatan 安全教育	2	26	26	0	0	1
110	Asas Komputer (1) 计算机基础（1）	1	26	26	0	0	1
111	Asas Komputer (2) 计算机基础（2）	2	64	19	0	45	2
112	Sukan (1) 体育（1）	1	26	4	22	0	1
113	Sukan (2) 体育（2）	1	32	6	26	0	2
114	Sukan (3) 体育（3）	1	32	6	26	0	3
115	Sukan (4) 体育（4）	1	32	6	26	0	4
合计		31	584	396	143	45	

2.选修课程

课程类别	课程代码	课程名称	学分	学时	开课院系	开课学期
核心课程	801	Kursus Umum Bahasa China 汉语通识教程	2	32	中文系	1、2
	802	Budaya Tradisional China 中国传统文化	2	32	中文系	1、2

续表

课程类别	课程代码	课程名称	学分	学时	开课院系	开课学期
核心课程	803	Panduan untuk Karya Klasik China 国学原典导读	2	26	中文系	1
	804	Pengenalan kepada Hubungan Antarabangsa 国际关系导论	2	26	国际关系学院	1
	805	Sejarah Tamadun Barat 西方文明史	2	26	外语类专业院系	1
	806	Penulisan Asas 基础写作	2	32	中文系	2
	807	Perbandingan Budaya China dan Barat 中西文化比较	2	32	外语类专业院系	2
	808	Panduan untuk Sejarah（Disiplin Sejarah） 历史学导读	2	32	全校各单位	2
	809	Komunikasi dan Masyarakat 传播与社会	2	32	新闻传播学院	2
	810	Prinsip Ekonomi 经济学原理	2	32	国际工商管理学院	2
	811	Pengenalan kepada Estetika 美学导论	2	32	全校各单位	2

课程类别	课程代码	课程名称	学分	学时	开课院系	开课学期
核心课程	812	Komunikasi Antara Budaya 跨文化交际	2	32	外语类专业院系	3
	813	Pengenalan kepada Falsafah 哲学导读	2	32	全校各单位	3
	814	Pengenalan kepada Sains Politik 政治学导读	2	32	国际关系学院	3
	815	Pengenalan kepada Sosiologi 社会学导读	2	32	国际法学与社会学院	3
	816	Prinsip Pengurusan 管理学原理	2	32	国际工商管理学院	3
任选课程		见全校通识教育任选课程设置一览表				

（二）英语课程

课程代码	课程名称	学分	学时	学时分配			开课学期	课程性质
				理论学时	实践学时	实验学时		
22050201701	Bahasa Inggeris Komprehensif（1）综合英语（一）	4	52	40	12	0	1	必修
22050201702	Bahasa Inggeris Komprehensif（2）综合英语（二）	4	64	50	14	0	2	必修

续表

课程代码	课程名称	学分	学时	学时分配			开课学期	课程性质
				理论学时	实践学时	实验学时		
22050201703	Bahasa Inggeris Lanjutan（1） 高级英语（一）	4	64	50	14	0	4	必修
22050201704	Bahasa Inggeris Lanjutan（2） 高级英语（二）	4	64	50	14	0	7	必修
22050201705	Lisan Bahasa Inggeris（1） 英语口语（一）	2	32	24	8	0	2	必修
22050201706	Lisan Bahasa Inggeris（2） 英语口语（二）	2	32	24	8	0	3	必修
22050201707	Pendengaran Bahasa Inggeris（1） 英语听力（一）	2	26	20	6	0	1	必修
22050201708	Pendengaran Bahasa Inggeris（2） 英语听力（二）	2	32	24	8	0	2	必修
22050201709	Pembacaan Bahasa Inggeris（1） 英语阅读（一）	2	32	24	8	0	3	必修
22050201710	Pembacaan Bahasa Inggeris（2） 英语阅读（二）	2	32	24	8	0	4	必修
22050201711	Penterjemahan Tertulis Bahasa Inggeris- Bahasa China 英汉互译（笔译）	2	32	24	8	0	3	必修

课程代码	课程名称	学分	学时	学时分配			开课学期	课程性质
				理论学时	实践学时	实验学时		
22050201712	Penterjemahan Lisan Bahasa Inggeris–Bahasa China 英汉互译（口译）	2	32	24	8	0	4	必修
合计		32	494	378	116	0		

（三）专业教育课程

1.专业基础课程

课程代码	课程名称	学分	学时	学时分配			开课学期	课程性质
				理论学时	实践学时	实验学时		
22050217401	Bahasa Melayu Asas（1） 初级马来语（1）	8	104	104	0	0	1	必修
22050217402	Bahasa Melayu Asas（2） 初级马来语（2）	8	128	128	0	0	2	必修
22050217403	Bahasa Melayu Pertengahan（1） 中级马来语（1）	6	96	82	14	0	3	必修
22050217404	Bahasa Melayu Pertengahan（2） 中级马来语（2）	6	96	82	14	0	4	必修
22050217405	Bahasa Melayu Lanjutan 高级马来语	6	96	82	14	0	5	必修

续表

| 课程代码 | 课程名称 | 学分 | 学时 | 学时分配 | | | 开课学期 | 课程性质 |
				理论学时	实践学时	实验学时		
22050217406	Bahasa Melayu Audio-visual（1）初级马来语视听说（1）	6	78	39	39	0	1	必修
22050217407	Bahasa Melayu Audio-visual（2）初级马来语视听说（2）	4	64	32	32	0	2	必修
22050217408	Bahasa Melayu Audio-visual（1）中级马来语视听说（1）	4	64	32	32	0	3	必修
22050217409	Bahasa Melayu Audio-visual（2）中级马来语视听说（2）	4	64	32	32	0	4	必修
22050217410	Lisan Bahasa Melayu Asas 初级马来语口语	2	32	16	16	0	2	必修
22050217411	Lisan Bahasa Melayu Pertengahan（1）中级马来语口语（1）	2	32	16	16	0	3	必修
22050217412	Lisan Bahasa Melayu Pertengahan（2）中级马来语口语（2）	2	32	16	16	0	4	必修
22050217413	Tatabahasa 马来语语法	2	32	32	0	0	2	必修
合计		60	918	693	225	0		

2.专业发展课程

课程代码	课程名称	学分	学时	理论学时	实践学时	实验学时	开课学期	课程性质
				学时分配				
22050217501	Sejarah Malaysia 马来西亚历史	2	26	20	6	0	1	必修
22050217502	Pidato Bahasa Melayu 马来语公众演讲	2	32	24	8	0	5	任选
22050217503	Adat Istiadat Melayu 马来民俗文化	2	32	24	8	0	5	任选
22050217504	Politik Malaysia 马来西亚时政	2	32	24	8	0	5	任选
22050217505	Lisan Bahasa Indone-sia Asas 基础印尼语口语	2	32	24	8	0	6	任选
22050217506	Budaya dan Masyara-kat Asia Tenggara 印尼社会与文化	2	32	24	8	0	7	任选
22050217507	Tulisan Bahasa Melayu（1） 马来语写作（1）	2	32	24	8	0	3	限选
22050217508	Tulisan Bahasa Melayu（2） 马来语写作（2）	2	32	24	8	0	4	限选
22050217509	Pengenalan Kepada Singapura 新加坡概况	2	32	24	8	0	4	限选

续表

| 课程代码 | 课程名称 | 学分 | 学时 | 学时分配 | | | 开课学期 | 课程性质 |
				理论学时	实践学时	实验学时		
22050217510	Penterjemahan Tertulis Bahasa Melayu 马来语笔译	4	64	50	14	0	5	限选
22050217511	Bahasa Melayu Pelancongan 旅游马来语	2	32	16	16	0	5	限选
22050217512	Pengajian Agama Malaysia 马来西亚宗教研究	2	32	24	8	0	5	限选
22050217513	Analisis dan Penghargaan Filem- Televisyen Malaysia 马来西亚影视作品赏析	2	32	24	8	0	5	限选
22050217514	Penterjemahan Lisan Bahasa Melayu 马来语口译	4	64	32	32	0	6	限选
22050217515	Pembacaan Surat Khabar dan Majalah Bahasa Melayu 马来语报刊阅读	4	64	56	8	0	6	限选
22050217516	Bahasa Melayu Perdagangan 经贸马来语	2	32	16	16	0	6	限选
22050217517	Sastera Melayu 马来文学经典选读	2	32	24	8	0	6	限选

课程代码	课程名称	学分	学时	学时分配			开课学期	课程性质
				理论学时	实践学时	实验学时		
22050217518	Pengajian Isu-isu Masyarakat Malaysia 马来西亚社会问题研究	2	32	16	16	0	6	限选
22050217519	Pengenalan Kepada Brunei Darussalam 文莱概况	2	32	24	8	0	6	限选
22050217520	Kaedah Pengajian dan Tulisan Tesis 研究方法与学术写作	1	16	8	8	0	7	限选
22050217521	Sejarah Hubungan China-Malaysia 中马关系史	2	32	24	8	0	7	限选
合计		47	746	526	220	0		
学分分布	必修：2学分；限选：35学分；任选：10学分							
修读要求	必修：2学分；限选：19学分；任选：6学分，共27学分							

（四）实践教学课程

1.实践（实验）课程

课程代码	课程名称	学分	学时	学时分配			开课学期	课程性质
				理论学时	实践学时	实验学时		
22050217406	Bahasa Melayu Audiovisual (1) 初级马来语视听说（1）	6	78	39	39	0	1	必修

续表

课程 代码	课程名称	学分	学时	学时分配			开课学期	课程性质
				理论学时	实践学时	实验学时		
22050217407	Bahasa Melayu Audiovisual（2） 初级马来语视听说（2）	4	64	32	32	0	2	必修
22050217408	Bahasa Melayu Audiovisual（1） 中级马来语视听说（1）	4	64	32	32	0	3	必修
22050217409	Bahasa Melayu Audiovisual（2） 中级马来语视听说（2）	4	64	32	32	0	4	必修
22050217410	Lisan Bahasa Melayu Asas 初级马来语口语	2	32	16	16	0	2	必修
22050217411	Lisan Bahasa Melayu Pertengahan（1） 中级马来语口语（1）	2	32	16	16	0	3	必修
22050217412	Lisan Bahasa Melayu Pertengahan（2） 中级马来语口语（2）	2	32	16	16	0	4	必修
22050217514	Penterjemahan Lisan Bahasa Melayu 马来语口译	4	64	32	32	0	6	必修
22050217511	Bahasa Melayu Pelancongan 旅游马来语	2	32	16	16	0	5	限选

课程 代码	课程名称	学分	学时	学时分配			开课 学期	课程 性质
				理论学时	实践学时	实验学时		
22050217516	Bahasa Melayu Perda-gangan 经贸马来语	2	32	16	16	0	6	限选
22050217518	Pengajian Isu-isu Ma-syarakat Malaysia 马来西亚社会问题研究	2	32	16	16	0	6	限选
22050217520	Kaedah Pengajian dan Tulisan Tesis 研究方法与学术写作	1	16	8	8	0	7	限选
合计		35	542	271	271	0		

2.独立实践环节

序号	实践类别	学分	实践周数	开课学期
1	Latihan dan Teori Ketenteraan 军训与军事理论	2	2	1
2	Internship Jurusan 专业实习	2	4	4-7
3	Internship Tamatan 毕业实习	2	4	8
4	Tesis Tamatan 毕业论文	4	8	8
5	Aktiviti Inovasi (Pengamalan Penyelidikan Saintifik, Inovasi, Keusahawanan, dan Seb-againya) 创新活动（科研实践、创新创业等）	2	4	1-8

续表

序号	实践类别	学分	实践周数	开课学期
6	Pengamalan Masyarakat 社会实践	2	4	1-8
	合计	14	26	

四、人才培养标准及其实现矩阵

1.掌握马克思主义的基本立场、观点和方法，践行社会主义核心价值观，具有坚定的政治方向、良好的道德素养、高度的社会责任感、健康的体魄和健全的人格，较强的创新精神和实践能力

①坚定的政治立场和素质，树立正确的世界观、人生观和价值观

②中国情怀和国际视野，良好的道德品质，爱国守法、明礼诚信

③健康的心理和体魄，乐观向上的个人品格

④批判性思维、创新素质和实践创新能力

2.具有良好的人文与科学素养、沟通能力以及一定的创新创业能力

①人文与科学素养

②语言能力与沟通能力

③创新创业能力

3.具有扎实的马来语语言基础和较熟练的听、说、读、写、译专业技能，文学鉴赏能力

①马来语语言基础

②马来语听说能力

③马来语读写能力

④马来语口笔译能力

4.具有运用专业知识解决问题的能力

①综合能力

②科学研究能力

5.具有广博的马来西亚知识、开阔的国际视野和良好的跨文化交际能力

①马来西亚知识及国际视野

②国情研判能力

③跨文化交际能力

6.具有较好相关复语或复专业的知识能力

①复合语种的知识与技能

②复合专业知识能力

2020级马来语专业课程拓扑图

表2-2 乌克兰语专业本科人才培养方案

一、培养目标

本专业旨在培养具备扎实的乌克兰语基本功和综合能力，具有良好的思想道德素养和社会责任感，熟悉乌克兰政治、经济、社会、文化等方面知识，掌握我国方针政策和法规，具备外交学、国际新闻、国际法、国际经济与贸易或汉语国际教育中的某一专业知识和一定的英语双语应用能力，人文素养广博、实践能力过硬，具有开阔的国际视野、跨文化交际能力、国情分析能力、较强的创新能力和独立解决问题的能力，能在政府部门、教育科研、事业单位、涉外企业、国际组织、新闻媒体、旅游管理等部门从事涉外工作的复合型乌克兰语专业人才。

续表

二、专业特色

乌克兰语专业是在"一带一路"倡议背景下开设的非通用语专业。本专业采用复语（"乌克兰语+英语"）、复专业［"乌克兰语+外交学"、新闻学（国际新闻）、法学（国际经济法）、国际经济与贸易或汉语国际教育］培养方式（复专业学习根据学校相关专业辅修双学位专业培养方案执行），采用中乌合作培养模式，为学生创造良好的复语与复专业学习条件和国际交流平台。

三、课程设置及教学进程表

（一）通识教育课程

1.必修课程

课程代码	课程名称	学分	学时	学时分配			开课学期
				理论学时	实践学时	实验学时	
101	Iдейно-моральне вдосконалення та правова основа 思想道德修养与法律基础	3	48	39	9	0	1或2
102	Нарис китайської новітньої історії 中国近现代史纲要	3	48	39	9	0	1或2
103	Вступ до Марксизму 马克思主义基本原理概论	3	48	39	9	0	3或4
104	Вступ до Маоїзму та теоретичної системи соціалізму з китайською характеристикою 毛泽东思想和中国特色社会主义理论体系概论	5	80	64	16	0	3或4
105	Ситуація та політика 形势与政策	2	32	32	0	0	5

课程代码	课程名称	学分	学时	学时分配			开课学期
				理论学时	实践学时	实验学时	
106	Навчання творчості та інновацій 创新创业教育	2	32	32	0	0	1–6
107	Планування кар'єрного розвитку студентів та керівництво зайнятості студентів 大学生职业生涯发展规划与就业指导	2	32	32	0	0	2、5
108	Загальна психологія для студентів 大学生心理健康教育	2	26	26	0	0	1
109	Безпека життєдіяльності 安全教育	2	26	26	0	0	1
110	Основи інформатики（1） 计算机基础（1）	1	26	26	0	0	1
111	Основи інформатики（2） 计算机基础（2）	2	64	19	0	45	2
112	Фізичне виховання（1） 体育（1）	1	26	4	22	0	1
113	Фізичне виховання（2） 体育（2）	1	32	6	26	0	2
114	Фізичне виховання（3） 体育（3）	1	32	6	26	0	3
115	Фізичне виховання（4） 体育（4）	1	32	6	26	0	4
合计		31	584	396	143	45	

续表

2.选修课程

课程类别	课程代码	课程名称	学分	学时	开课院系	开课学期
核心课程	801	Загальний курс китайської мови 汉语通识教程	2	32	中文系	1、2
	802	Китайська традиційна культура 中国传统文化	2	32	中文系	1、2
	803	Вступ до китаєзнавства 国学原典导读	2	26	中文系	1
	804	Вступ до міжнародних відносин 国际关系导论	2	26	国际关系学院	1
	805	Історія західної цивілізації 西方文明史	2	26	外语类专业院系	1
	806	Базовна писемність 基础写作	2	32	中文系	2
	807	Порівняння китайської та західної культур 中西文化比较	2	32	外语类专业院系	2
	808	Вступ до історіографії 历史学导读	2	32	全校各单位	2
	809	Комунікація та суспільство 传播与社会	2	32	新闻传播学院	2

课程类别	课程代码	课程名称	学分	学时	开课院系	开课学期
	810	Основи економічної теорії 经济学原理	2	32	国际商学院	2
	811	Вступ до естетики 美学导论	2	32	全校各单位	2
	812	Міжкультурна комунікація 跨文化交际	2	32	外语类专业院系	3
	813	Вступ до філософії 哲学导读	2	32	全校各单位	3
	814	Вступ до політології 政治学导读	2	32	国际关系学院	3
	815	Вступ до соціології 社会学导读	2	32	国际法学与社会学院	3
	816	Основи менеджменту 管理学原理	2	32	国际商学院	3
任选课程	见全校通识教育任选课程设置一览表					

续表

				学时分配				
课程代码	课程名称	学分	学时	理论学时	实践学时	实验学时	开课学期	课程性质
22050201701	Загальна англійська мова （1） 综合英语（一）	4	52	40	12	0	1	必修
22050201702	Загальна англійська мова （2） 综合英语（二）	4	64	50	14	0	2	必修
22050201703	Англійська мова (Вищий рівень（1） 高级英语（一）	4	64	50	14	0	4	必修
22050201704	Англійська мова (Вищий рівень（2） 高级英语（二）	4	64	50	14	0	7	必修
22050201705	Розмовна англійська мова （1） 英语口语（一）	2	32	24	8	0	2	必修
22050201706	Розмовна англійська мова （2） 英语口语（二）	2	32	24	8	0	3	必修
22050201707	Аудіювання з англійської мови） （1） 英语听力（一）	2	26	20	6	0	1	必修

课程代码	课程名称	学分	学时	学时分配			开课学期	课程性质
				理论学时	实践学时	实验学时		
22050201708	Аудіювання з англійської мови （2） 英语听力（二）	2	32	24	8	0	2	必修
22050201709	Тексти з англійської мови （1） 英语阅读（一）	2	32	24	8	0	3	必修
22050201710	Тексти з англійської мови （2） 英语阅读（二）	2	32	24	8	0	4	必修
22050201711	Письмовий англійсько-китайський переклад 英汉互译（笔译）	2	32	24	8	0	3	必修
22050201712	Усний англійсько-китайський переклад 英汉互译（口译）	2	32	24	8	0	4	必修
合计		32	494	378	116	0		

续表

（三）专业教育课程

1.专业基础课程

| 课程代码 | 课程名称 | 学分 | 学时 | 学时分配 | | | 开课学期 | 课程性质 |
				理论学时	实践学时	实验学时		
22050247401	Сучасна українська літературна мова（Базовий рівень 1）基础乌克兰语（1）	10	130	100	30	0	1	必修
22050247402	Сучасна українська літературна мова（Базовий рівень 2）基础乌克兰语（2）	10	160	120	40	0	2	必修
22050247403	Сучасна українська літературна мова（Базовий рівень 3）基础乌克兰语（3）	8	128	102	26	0	3	必修
22050247404	Сучасна українська літературна мова（Базовий рівень 4）基础乌克兰语（4）	8	128	102	26	0	4	必修
22050247405	Розмовна українська мова (1) 乌克兰语会话（1）	2	26	13	13	0	1	必修
22050247406	Розмовна українська мова (2) 乌克兰语会话（2）	2	32	16	16	0	2	必修
22050247407	Аудіовізуальний курс української мови （1）乌克兰语视听说（1）	2	32	16	16	0	3	必修

课程代码	课程名称	学分	学时	学时分配			开课学期	课程性质
				理论学时	实践学时	实验学时		
22050247408	Аудіовізуальний курс української мови（2）乌克兰语视听说（2）	2	32	16	16	0	4	必修
22050247410	Практична стилістика української мови（1）乌克兰语实践修辞学（1）	2	32	24	8	0	5	必修
22050247411	Практична стилістика української мови（2）乌克兰语实践修辞学（2）	2	32	24	8	0	6	必修
合计		48	732	516	216	0		

2.专业发展课程

课程代码	课程名称	学分	学时	学时分配			开课学期	课程性质
				理论学时	实践学时	实验学时		
22050247501	Сучасна українська літературна мова（Вищий рівень 1）高级乌克兰语（1）	6	96	76	20	0	5	必修

| 课程代码 | 课程名称 | 学分 | 学时 | 学时分配 | | | 开课学期 | 课程性质 |
				理论学时	实践学时	实验学时		
22050247502	Сучасна українська літературна мова （Вищий рівень 2） 高级乌克兰语（2）	4	64	50	14	0	6	必修
22050247503	Сучасна українська літературна мова （Вищий рівень 3） 高级乌克兰语（3）	4	64	50	14	0	7	必修
5622050247504	Українсько-китайський переклад 乌汉互译	2	32	16	16	0	5	限选
22050247505	Українське письмо 乌克兰语写作	2	32	16	16	0	7	限选
22050247506	Країнознавство України 乌克兰概况	2	26	20	6	0	1	限选
22050247507	Українська література 乌克兰文学	2	32	24	8	0	3	限选
22050247508	Аудіовізуальний курс української мови （3） 乌克兰语视听说（3）	2	32	16	16	0	5	限选
2205024759	Аудіовізуальний курс української мови （4） 乌克兰语视听说（4）	2	32	16	16	0	6	限选

课程代码	课程名称	学分	学时	学时分配			开课学期	课程性质
				理论学时	实践学时	实验学时		
22050247510	Українське видання для читання（1）乌克兰语报刊选读（1）	2	32	16	16	0	4	限选
22050247511	Українське видання для читання（2）乌克兰语报刊选读（2）	2	32	16	16	0	5	限选
22050247512	Дипмомна робота 学术论文写作	1	16	12	4	0	7	限选
22050247513	Хрестоматія з української літератури 乌克兰语文学作品选读	2	32	24	8	0	5	限选
22050247514	Історія україни（1）乌克兰历史（1）	2	32	16	16	0	5	限选
22050247515	Історіяукраїни（2）乌克兰历史（2）	2	32	16	16	0	6	限选
22050247516	Історія міжнародних відносин між Україною та Китаєм 中乌关系史	2	32	24	8	0	7	限选

续表

| 课程代码 | 课程名称 | 学分 | 学时 | 学时分配 | | | 开课学期 | 课程性质 |
				理论学时	实践学时	实验学时		
22050247517	Торгово-економічна лексика української мови 经贸乌克兰语	2	32	24	8	0	5	限选
22050247518	Українська релігія та культура 乌克兰宗教与文化	2	32	24	8	0	2	任选
22050247519	Політика та економіка в Україні 乌克兰政治与经济	2	32	24	8	0	4	任选
22050247520	Сучасна українська дипломатія 当代乌克兰外交	2	32	24	8	0	2	任选
合计		51	810	552	258	0		

学分分布　必修：14学分；限选：29学分；任选：4学分
修读要求　必修：14学分；限选：19学分；任选：2学分；共35学分

（四）实践教学课程

1.实践（实验）课程

| 课程代码 | 课程名称 | 学分 | 学时 | 学时分配 | | | 开课学期 | 课程性质 |
				理论学时	实践学时	实验学时		
2205024740	Розмовна українська мова （1） 乌克兰语会话（1）	2	26	13	13	0	1	必修

课程代码	课程名称	学分	学时	学时分配			开课学期	课程性质
				理论学时	实践学时	实验学时		
2205024740	Розмовна українська мова （2） 乌克兰语会话（2）	2	32	16	16	0	2	必修
2205024740	Аудіовізуальний курс української мови（1） 乌克兰语视听说（1）	2	32	16	16	0	3	必修
2205024740	Аудіовізуальний курс української мови（2） 乌克兰语视听说（2）	2	32	16	16	0	4	必修
2205024750	Перекладознавство （з української на китайську） 乌汉互译	2	32	16	16	0	5	限选
2205024750	Українське письмо 乌克兰语写作	2	32	16	16	0	7	限选
2205024750	Аудіовізуальний курс української мови（3） 乌克兰语视听说（3）	2	32	16	16	0	5	限选
2205024750	Аудіовізуальний курс української мови（4） 乌克兰语视听说（4）	2	32	16	16	0	6	限选
2205024751	Українське видання для читання（1）乌克兰语报刊选读（1）	2	32	16	16	0	4	限选

续表

| 课程代码 | 课程名称 | 学分 | 学时 | 学时分配 | | | 开课学期 | 课程性质 |
				理论学时	实践学时	实验学时		
2205024751	Українське видання для читання（2）乌克兰语报刊选读（2）	2	32	16	16	0	5	限选
2205024751	Історія україни（1）乌克兰历史（1）	2	32	16	16	0	5	限选
2205024751	Історія україни（2）乌克兰历史（2）	2	32	16	16	0	6	限选
合计		24	378	189	189	0		

2.独立实践环节

序号	实践类别	学分	实践周数	开课学期
1	Військова підготовка та військова теорія 军训与军事理论	2	2	1
2	Професійна практика 专业实习	2	4	4～7
3	дипломна практика 毕业实习	2	4	8
4	Дипмомна робота 毕业论文	4	8	8
5	Інноваційна діяльність (дослідження та практика, інновації тощо) 创新活动（科研实践、创新创业等）	2	4	1～8
6	Соціальна практика 社会实践	2	4	1～8
合计		14	26	

四、人才培养标准及其实现矩阵

（一）人才培养标准

1.掌握马克思主义基本立场、观点和方法，践行社会主义核心价值观，具有坚定的政治方向、良好的道德素养、高度的社会责任感、健康的体魄和健全的人格，较强的创新精神和实践能力

①坚定的政治立场，树立正确的世界观、人生观和价值观

②中国情怀和国际视野，良好的道德品质，爱国守法、明礼诚信

③健康的心理和体魄，乐观向上的个人品格

④批判性思维、创新素质和实践创新能力

2.具有良好的人文与科学素养，语言与沟通能力，以及一定的创新创业能力

①人文与科学素养

②语言与沟通能力

③创新创业能力

3.具有扎实的乌克兰语语言基础，较熟练的听、说、读、写、译专业技能

①乌克兰语语言基础

②乌克兰语听说能力

③乌克兰语读写能力

④乌克兰语口笔译能力

4.具有运用专业知识分析和解决问题的能力

①综合能力

②科学研究能力

5.具有广博的知识面、开阔的国际视野、国情分析能力和跨文化交际能力

①乌克兰国情知识及国际视野

②国情分析能力

③跨文化交际能力

6.具有较好相关复语或复专业的知识能力

①复合语种的知识与技能

②复合专业知识能力

四、教学体系体现多维强化

作为教学体系建设的重要环节，非通用语专业的教材和在线课程建设始终是制约专业发展的短板。学校组织精锐力量，持续加大投入，通过多种有效举措，积极鼓励教师联合校内外资源，以中国需求为基础，着眼于国际化人才培养，吸收国内外相关教材和最新研究成果，积极编撰各语种教材，加快建设在线课程，为人才培养夯实基础条件（表2-3、表2-4）。

表2-3　非通用语专业编撰的部分教材

名称	出版社	时间	负责人	语种专业
《新编越南语口语》	广西教育出版社	2016	罗文青	越南语
《韩国大众文化与文化产业》	世界图书出版社	2019	赵永升	朝鲜语
《葡萄牙语初级听力：（1）》	东华大学出版社	2020	唐思娟	葡萄牙语
《基础波兰语》	世界图书出版社	2020	黄钇娴	波兰语
《基础土耳其语会话》	世界图书出版社	待出版	邢怡婷	土耳其语
《基础希伯来语会话》	北京师范大学出版社	待出版	鲜非霏	希伯来语
《匈牙利语口语入门》	北京师范大学出版社	待出版	王琳	匈牙利语
《匈牙利语报刊阅读》	北京师范大学出版社	待出版	王琳	匈牙利语
《捷克语入门》	北京师范大学出版社	待出版	李茜	捷克语

名称	出版社	时间	负责人	语种专业
《罗马尼亚语基础会话》	世界图书出版社	待出版	赵学林	罗马尼亚语
《初级印地语视听说》	世界图书出版社	待出版	熊晨旭	印地语
《马来语基础阅读》	世界图书出版社	待出版	杨琳	马来语
《缅甸语听说教程》	世界图书出版广东有限公司	待出版	张惠美	缅甸语
《走进乌克兰》	北京语言大学出版社	待出版	陈旭	乌克兰语

表2-4　非通用语专业部分在线课程

名称	运行平台	时间	负责人	语种专业
基础波兰语	四川外国语大学网络课程	2018—2020	王珺	波兰语
基础葡萄牙语（1）	超星泛雅重庆市高校在线课程开放平台	2019—2020	唐思娟	葡萄牙语
匈牙利语听说	四川外国语大学网络课程	2020	曾睿	匈牙利语
实用罗马尼亚语会话	四川外国语大学学习平台	2020	赵学林	罗马尼亚语
乌克兰语入门	四川外国语大学学习平台	2020	陈旭	乌克兰语
希伯来语听说	超星网络教学平台	2020	施歆文	希伯来语
马来语视听说	四川外国语大学网络教学平台	2020	杨琳	马来语
马来语语法	四川外国语大学网络教学平台	2020	韩呼和	马来语

续表

名称	运行平台	时间	负责人	语种专业
捷克语入门	四川外国语大学网络课程	2021	杨杏初	捷克语
区域国别研究	四川外国语大学网络课程	2021	谌华侨	
初级缅甸语视听说	待定	2021	白纯	缅甸语
初级印地语视听说	重庆慕课平台	2021	段孟洁	印地语
土耳其语视听说	四川外国语大学网络教学平台	2021	邢怡婷	土耳其语

五、独立实践周呈现多语融合

　　教学内容既包括传统的课堂教学，也包括实践实验教学和国外交流学习等内容。在学校的教学设计安排中，每个学期均按学校教务处统一安排设置了实践教学周，暂停常态化课程教学，开展丰富多彩的课外实践活动。各个学院基于不同语种专业的特性，在学院和各个语种专业两个层面设计相关活动，具有普遍意义的事项，由学院统一设计，采取引进来和走出去相结合的方式，开展全院层面的活动。在此基础上，各个语种专业根据学习进度和阶段性特性，开展具有本语种特性的活动，从而实现不同语种专业师生集体参与，相互借鉴学习的浓厚氛围。如表2-5、图2-1所示，重庆非通用语学院独立实践周计划安排是这一思路的集中体现。

表2-5 2020—2021学年第1学期重庆非通用语学院独立实践周计划

时间	活动名称	参与嘉宾	负责人	参与对象	活动内容	基本要求
11月2日星期一第1节	学生案例写作指导会	郝楠	韩呼和	大一全体师生	案例写作、大赛准备、案例写作指导	活动后及时开启本学期学生案例写作大赛，撰写并提交相关资料
11月2日星期一第2节	学生案例写作指导会	刘雪君	韩呼和	大二全体师生	案例写作、大赛准备案例写作指导	活动后及时开启本学期学生案例写作大赛，撰写并提交相关资料
11月2日星期一第3—4节	"魅声魅影"波兰语电影配音比赛	波兰语教师	王珺	波兰语全体师生	电影片段配音比赛	波兰语专业全体学生参加
11月2日星期一第3—4节	罗马尼亚语诵读比赛	罗马尼亚语教师	赵学林	罗马尼亚语全体师生	罗马尼亚语学习	罗马尼亚语全体学生参加
11月2日星期一第7—8节	"有声有色"捷克语配音比赛	捷克语教师	杨杏初	捷克语全体师生	场景配音表演比赛	捷克语专业全体学生参加
11月2日星期一第7—8节	印度文化交流体验会	印地语专业教师	段孟洁	印地语专业全体学生	印度美食文化体验	印地语专业全员学生参加

续表

时间	活动名称	参与嘉宾	负责人	参与对象	活动内容	基本要求
11月2日星期一第7—8节	匈牙利语专业师生交流会	匈牙利语教师	王琳	匈牙利语专业全体师生	深入了解、学习匈牙利国情文化	匈牙利专业全员学生参加
11月3日星期二第1—2节	大学生创新创业类赛事启动会	谌华侨	韩呼和	大一全体师生	学生赛事动员	大一全体新生
11月3日星期二第3—4节	大学生创新创业类赛事推进会	谌华侨	韩呼和	大二成员与指导教师	学生赛事指导	项目组成员及指导教师参加
11月3日星期二第3—4节	匈牙利语读书会	匈牙利语教师	王琳	2020级匈牙利语专业学生	匈牙利语文学阅读	2020级匈牙利专业全体学生参加
11月3日星期二第3—4节	乌克兰语字母书写大赛	乌克兰语教师	陈旭	乌克兰语全体师生	乌克兰语学习	乌克兰语全体学生参加
11月3日星期二第5—6节	学籍管理规定、健康知识、意外保险知识		黎文雯	2020级全院新生		2020级新生全员参加

时间	活动名称	参与嘉宾	负责人	参与对象	活动内容	基本要求
11月3日星期二第7—8节	波兰语学习主题讲座——"你也可以像我一样学波兰语"	彭小波	王珺	波兰语全体师生	波兰语学习	波兰语专业全体学生参加
11月3日星期二第7—8节	波希米亚杯——捷克国情知识竞赛	捷克语教师	李茜	捷克语全体师生	捷克国情知识竞答	捷克语专业全体学生参加
11月3日星期二第7—8节	马来语新生"脱音而出"辨音大赛	马来语教研室	韩呼和杨琳	全体马来语师生	马来语语音学习活动	马来语专业全体学生参加
11月3日星期二第7—8节	土耳其语专业朋辈导师交流学习会	曾颖颖	邢怡婷	土耳其语全体师生	土耳其语学习	土耳其专业学生全员参加
11月3日星期二19:00—21:00	第六届实践遇见未来分享		黎文雯	2020级全员新生		2020级全院新生必须参加

续表

时间	活动名称	参与嘉宾	负责人	参与对象	活动内容	基本要求
11月4日星期三第1—2节	Power-Point分享会：制作与应用	杨琳	杨琳	马来语专业师生	马来语课堂展示与演讲	马来语专业全体学生参加
11月4日星期三第3—4节	马来语毕业生分享交流会：语言习得与多元取向	李德春、余雷	韩呼和	马来语专业师生	语言习得、实践应用及未来选项	马来语专业全体学生参加
11月4日星期三第3—4节	走进罗马尼亚——罗马尼亚文化文明初探（线上讲座）	蒋彤伟	赵学林	罗马尼亚语全体师生	罗马尼亚语学习	罗马尼亚语专业全体学生参加
11月4日星期三第3—4节	缅甸语写作风采大赛	缅甸语教师	白纯	缅甸语专业学生	缅甸语翻译、书写及设计	缅甸语专业学生全员参加
11月4日星期三第3—4节	"沉湎于天城体的世界"——印地语汉语辞典应用大赛	印地语教师	段孟洁赵芳琳熊晨旭	印地语专业全体师生	印地语学习	印地语专业学生全员参加

时间	活动名称	参与嘉宾	负责人	参与对象	活动内容	基本要求
11月4日星期三第3—4节	匈牙利语朗读比赛	匈牙利语教师	王琳	匈牙利语全体师生	匈牙利语学习	匈牙利专业全体学生参加
11月4日星期三第5—6节	土耳其文化体验节	土耳其语教师	茉莉	土耳其语全体师生	土耳其文化体验	土耳其语专业全体学生参加
11月4日星期三第7—8节	马来语新生"脱音而出"辨音大赛	马来语教研室	韩呼和杨琳	全体马来语师生	马来语语音学习活动	马来语专业全体学生参加
11月4日星期三第7—8节	"沉湎于天城体的世界"——印地语电子输入法技能大赛	印地语教师	段孟洁、赵芳琳、熊晨旭	印地语专业全体师生	印地语学习	印地语专业全体学生参加
11月4日星期三第9—10节	希伯来语 Free Talk	希伯来语教师	鲜非霏	希伯来语专业全体师生	希伯来语学习	希伯来语专业全体学生参加
11月5日星期四第3—4节	模拟土耳其旅游推介会	土耳其语教师	邢怡婷	土耳其语全体师生	土耳其人文景点推介	土耳其语专业全体学生参加

续表

时间	活动名称	参与嘉宾	负责人	参与对象	活动内容	基本要求
11月5日星期四第3—4节	走进乌克兰系列讲座——乌克兰货币中的文化符号	乌克兰语教师	陈旭	乌克兰语专业全体学生	乌克兰国情知识学习	乌克兰语专业全体学生参加
11月5日星期四第7—10节	模拟以色列旅游推介会	希伯来语教师	郭洋	希伯来语全体学生	以色列国情学习	希伯来语专业全体学生参加
11月6日星期五第1—4节	模拟乌克兰旅游推介会	乌克兰语教师	陈旭	乌克兰语专业全体师生	乌克兰国情学习	乌克兰语专业全体学生参加
11月6日星期五第3—4节	捷克语学习经验及职业规划交流会	陈欢欢	杨杏初	捷克语专业全体师生	捷克语学习及就业情况分享交流	捷克语专业学生参加
11月6日星期五第3—4节	缅甸语专家经验分享研讨会	西南政法大学缅甸语博士钟佳老师	张惠美	缅甸语专业全体师生/全院教师	专家阐述个人科研经历，分享如何提升个人学历，做到科教合一	全院教师/缅甸语专业学生必须全员参加

时间	活动名称	参与嘉宾	负责人	参与对象	活动内容	基本要求
11月6日星期五第3—4节	围绕波兰语学习主题专题讲座——现代波兰语	冷万军	王珺	波兰语全体师生	波兰语学习	波兰语专业全体学生参加
11月6日星期五第7—8节	独立实践周总结		谌华侨	全院师生	梳理总结独立实践周的成果	

图2-1　2020—2021学年第1学期　重庆非通用语学院独立实践周剪影

六、智慧教学实现深度融合

教学方法与手段是引导学生参与教学过程、积极思考、主动探究、乐于实践的形式。高等教育教学过程中教学方法与手段是教学的规律性与艺术性的结合。在信息化浪潮的影响下，教育技术正以前所未有的方式引领高等教育的发展，在东西方语言文化教学过程中，学校积极探索，大胆实施非通用语智慧教学，建成国内一流的非通用语智慧实验室。借助一流的硬件设备，积极开展参与式、情景式和体验式非通用语教学，打造语言文化沉浸环境，感受异域语言文化的魅力。

为培养"非通用语+通用语""非通用语+专业""非通用语+国别研究"的复合型人才，学校建设非通用语智慧实验室，实现教学环境、教学资源、教学过程和教学管理的智慧化运行。

1.建设理念

以物联网、虚拟现实、大数据技术为支撑，以"教、学、资、管、评、研"一体化建设为导向，突出"科技引导、技能领先、注重实训、博学笃行"的教学理念，构建"非通用语教学模式多样、媒体资源丰富、实训特色鲜明、互动共享便捷"的综合立体式教学体系，实现信息技术与教学的深度融合。

2.建设内容

本项目将在借鉴国内外相关案例建设成功经验的基础上，充分利用现有先进成熟技术，考虑长远发展需求，统一规划、统一布局、统一设计，突出重点，建设先进而实用的"非通用语智慧实验室"和与之配套的"教学管理平台"与"资源应用系统"（图2-2）。

（1）教学环境建设

图2-2　非通用语智慧实验室现场图景

建设三间非通用语教学的智慧实验室，在同时满足常态化语音教学的基础上，分别设置不同的特色功能。

智慧同传实训教室（18人）：适用于同传教学、模拟国际会议、召开小型会议等。

智慧虚拟情景实训教室（20人）：在虚拟教学场景中，老师可采用多种教学模式组织模拟训练。

AI智能语音识别大数据分析实训教室（30人）：适合于基础阶段系统教学，提高学生的实际语言专业运用能力，特别是口语、听力、写作、阅读、翻译等实训能力。

（2）智慧实验室教学应用管理平台

非通用语教学管理平台包括非通用语教学资源采集、非通用语计算机（手机）多语言输入法、教学资源编辑、非通用语课程线上学习、三个非通用语智慧实验室监控管理、网上考试、成绩管理、大数据统计分析、App移动学习系统。通过一体化教学管理平台设计，实现各个教学应用系统教学信息共享、教学资源共享、教学设备共享，提高信息化教学管理水平。

（3）教学资源建设

借助先进的课程资源建设平台，为老师提供智能化的教材编辑制作和备课服务，快速形成教材库和课件库；通过三个非通用语智慧实验室的录播应用，形成宝贵的非通用语课程教学资源库；通过教学管理系统，自动收集累计教学中的训练和测试资源，构建非通用语的题库资源。

3.亮点

（1）非通用语智慧实验室教学应用管理平台

该平台是开展信息化教学的必要手段，也是将3个智慧实验室建好、管好、用好的得力工具。课程按照"以学习者为中心"的设计思想，实现国际化的交流学习，具备课程学习自律化、课程学员大众化、工具资源多元化、学习时空无限化和学习参与互动化五大功能特征，真正实现教、学、资、管、评、研全过程一体化技术支撑。

（2）同传智慧实验室

功能特色：该实验室在传统语音类教学功能基础上，同时具有多媒体教学、基础口译教学、交传技能教学、同传技能教学、交传专题教学、同传专题教学、口译观摩、口译实战、模拟交传会议、模拟同传会议、模拟FGD会议、笔译教学、案例讲评、自习辅导等多语言类教学模式。

其灵活的教学模式、丰富的教学功能、个性化教师配置、全方位掌控学生学习过程、全方位师生互动、可扩展语言实验室模块，成为同传教学的亮点。

多国语言界面特色：支持芬兰、挪威、以色列、印度尼西亚、西班牙、泰国、巴西、捷克、匈牙利、乌克兰、土耳其、波兰、缅甸、马来西亚、罗马尼亚等多国语言自由切换，满足不同语种教学要求。

（3）虚拟实训智慧实验室

语言训练特色功能。能实现口语、听力、电影配音、情景训练、角色示范等教学功能。

虚拟实训特色功能。虚拟实训智慧实验室将划分为学生学习区、虚拟模拟实训区、实景模拟实训区三个功能区。其中，虚拟模拟实训区通过背景抠像、虚拟场景合成等技术手段，营造设定场景，使学生得到沉浸式的实训环境；实景模拟实训区通过实景的布置，实现模拟论坛、商业、聚会、辩论等交流现场对话场景的打造。

通过专业摄录设备对实训过程进行实录，可实现学生实训、精品课录制、口语考试等多种教学功能。

4. AI智能语音识别大数据分析实验室

功能特色：

（1）语言学习基本功能

能实现口语、听说等语音类教学功能。

（2）AI智能语音识别功能

采用AI非通用语智能语音识别系统，提供基于AI语音识别、机器翻译、语音合成等人工智能技术的教学。可提供多语直播教学、AI在线翻译等服务。

（3）大数据分析功能

有效整合教学过程中产生的过程性数据，经大数据中心有效数据挖掘处理，最终使数据可视化，完美实现课程资源分析、专业学习情况分析、学生课堂考勤及行为分析等特色功能，助力教学信息化管理。

5.成果成效

通过智慧实验室建设和应用，实现教学环境优化、教学管理高效、教学资源丰富、教学手段多样的目标。

（1）实验室建设按照新型学习空间布置设计，突出科技感、时代感、艺术感和生态感，成为学校最美的教学环境之一。

（2）建设教学管理系统，优化教学设计、教学评价和教学过程，让老师和学生切实感受到信息化建设带来的便利和高效，使教学管理更加科学化、规范化、信息化，提高教学效率和质量。

（3）项目经过教学应用，充分利用录播建课、课件/微课制作和网络资源共享等多种功能模式，加快非通用语教学信息资源建设，短时间内丰富课程资源。

（4）项目设计提供了多种教学模式，使教学方法手段创新成为可能。远程教学、虚拟实训、在线学习、互动交流、小组研讨、翻转课堂和智慧评价等教学模式为教学改革创新奠定基础。

七、教学成效突出多语集群发展

教学成果与成效是检验教学过程效果的重要维度，是人才培养理念和定位的集中彰显之处。经过一段时间的办学实践，我校东西方语言文化教学成果突出，主要体现在以下几个方面：

社会服务效益彰显。学校充分发挥校内多语种资源优势，成立"重庆非通用语培训与服务中心"，服务地方经济社会发展。中心积极参与重庆市重大外事活动，成为相关活动会议服务、翻译服务、外事接待、学生志愿者服务的中坚力量。

选拔322名志愿者参与中国国际智能产业博览会等涉外活动，在外语翻译、外事接待、现场礼仪、会场布置等岗位上，发挥非通用语优势和特色服务社会发展、服务重庆开放，形成多语种志愿者服务品牌。

国际交流稳步推进。近年来，学校践行国际发展合作承诺，选派学生赴非通用语国家担任汉语教师志愿者42人次，年均派出学生赴非通用语国家担任汉语教师志愿者14人次。学校总计与14个非通用语国家的46所高校建立了人才培养合作关系，开展"本硕连读""双学位""学分交换"等交流项目。学校与泰国清迈皇家大学合作，在该校设立"中国语言文化体验海外分中心"。学校派遣教师通过国家留学基金委项目等赴外研修交流。近三年累计接收和培养非通用语对象国来华留学生722名。2018年5月，"青年汉学家研修计划"（重庆班）16名非通用语国家汉学家来学校访学。通过丰富多彩的国际交流活动，进一步提升了学生的语言运用能力，开阔了学生的国际化视野。

学生赛事取得佳绩。学校高度重视语言专业学生赛事，充分发挥西南片区唯一的外国语大学优势，聚集学校多学科专业平台，持续推进各类型的学生赛事。通过学院的广泛动员和规划，专业老师的积极推动，行业导师的专业辅导，东西方语言专业的学生赛事成果丰硕。学生赛事立足于学科专业特点，瞄准经济社会发展主战场需求，集合对象国特性，逐步形成不同年级，不同专业的梯级赛事发展态势（表2-6）。

表2-6　近年来部分学生赛事获奖情况

学科竞赛	授予单位	级别	时间	参赛学生	负责人	语种专业	所获荣誉
2018年中国高校学生泰语演讲、泰语技能比赛之泰语讲故事比赛	泰国孔敬大学	国家级	2018	李杭	赵银川、覃雯丹、蒙昭晓	泰语	一等奖
"意大利语桥"答辩竞赛	意大利驻华使馆文化中心	国家级	2018	刘思捷	陈英	意大利语	优秀指导教师
全国大学生越南语演讲大赛	中国非通用语教学研究会	国家级	2019	莫尧	杨肖洁	越南语	一等奖
全国大学生越南语演讲大赛	中国非通用语教学研究会	国家级	2019	张元元	钟雪映	越南语	二等奖
全国大学生越南语演讲大赛	中国非通用语教学研究会	国家级	2019	何炽浩	钟雪映	越南语	三等奖
第一届全国高校葡萄牙语演讲比赛	中国非通用语教学研究会	国家级	2019	童雪莹	唐思娟	葡萄牙语	三等奖
大学生创新创业	教育部高教司	国家级	2019	雷仁芮、肖博文	曾睿	匈牙利语	国家级创新创业项目
2019中国与中东欧国家青年人文知识竞赛	教育部国际合作与交流司	国家级	2019	肖博文	王琳	匈牙利语	优秀奖优秀组织奖
韩国文学作品读后感征文大赛	北京外国语大学、韩国文学翻译院	国家级	2019	薛雨爽	黄进财	朝鲜语	三等奖

学科竞赛	授予单位	级别	时间	参赛学生	负责人	语种专业	所获荣誉
国家级大学生创新创业训练项目	教育部高等教育司	国家级	2020	邓景尹、林明晓、袁材正	张婕妤	印地语	
第六届"徐日昇"奖	教育部高等教育司	国家级	2020	简燕凤	杨敏	葡萄牙语	高级葡语优秀学生
全国大学生职业发展大赛	中国信息协会信息化发展研究院	国家级	2020	蒋昕纯	罗超	越南语	校级赛二等奖
全国大学生组织管理能力大赛	中国人生科学学会创新教育专业委员会	国家级	2020	蒋昕纯	罗超	越南语	校级赛三等奖
2020年全国大学生语言文字能力竞技活动	中国人生科学学会创新教育专业委员会	国家级	2020	蒋昕纯	罗超	越南语	优秀奖
2020年"泰语技能大赛"	泰国清迈大学	国家级	2020	吕静文	蒙昭晓、梁浩	泰语	三等奖
2020年泰语技能大赛	泰国清迈大学	国家级	2020	苏敏焉、陈丽妃	蒙昭晓、梁浩	泰语	优秀奖
重庆市大学生创新创业训练计划	重庆市教育委员会	省部级	2020	夏张洋、管博、刘天慧、李雪锋	夏张洋	波兰语与经济学跨学科	
重庆市"三创赛"	重庆市高等教育学会	省部级	2020	董昱辰、邓景尹、林明晓、袁材正	张婕妤	印地语	市赛三等奖

续表

学科竞赛	授予单位	级别	时间	参赛学生	负责人	语种专业	所获荣誉
大学生创新创业训练项目	四川外国语大学	校级	2020	江怡、韦建莉、何俊杰、朱嘉咏	陈珏可	印地语	
大学生创新创业训练项目	四川外国语大学	校级	2020	邓景尹、林明晓、袁材正	张婕妤	印地语	

实习基地实现大拓展。专业实习是检验学校学习成果，了解现实应用需求，将专业学习与现实应用结合的实践场所。高质量、高水准的实习基地是拓展专业学习内容，将书本知识转化为现实需求的重要平台，有利于提高学生学习成果的应用转化，提高动手解决问题的综合实力（表2-7）。

表2-7 近年非通用语专业实习基地

基地名称	建设单位	时间	授予单位	负责人	参与人
四川外国语大学朝鲜语专业应用人才实习实训基地	重庆市文化与旅游发展委员会	2016	大韩民国驻重庆临时政府	黄进财	崔香
四川外国语大学越南语专业应用人才实习实训基地	东方语言文化学院	2018	重庆市公安局	罗文青	越南语专业本科生和研究生

基地名称	建设单位	时间	授予单位	负责人	参与人
四川外国语大学葡萄牙语专业人才实习实训基地	西方语言文化学院	2018	湖南省农业集团	唐思娟、刘荣	葡萄牙语本科生
四川外国语大学泰语专业应用人才实习实训基地	四川外国语大学	2019	重庆中暹文化传播有限公司	罗文青	泰语专业本科生
四川外国语大学越南语专业应用人才实习实训基地	东方语言文化学院	2019	广西师范大学越南研究院	罗文青	越南语专业本科生和研究生
四川外国语大学越南语专业应用人才实习实训基地	东方语言文化学院	2019	东兴市外事办	罗文青	越南语专业本科生和研究生
四川外国语大学非通用语实习基地	西方语言文化学院	2019	传神语联网网络科技有限公司	刘忠政	
四川外国语大学非通用语实习基地	西方语言文化学院	2020	重庆美达实业有限公司	刘忠政	
四川外国语大学泰语专业应用人才实习实训基地	四川外国语大学	2020	泰国川渝总商会	董洪川	泰语专业本科生

续表

基地名称	建设单位	时间	授予单位	负责人	参与人
四川外国语大学越南语专业应用人才实习实训基地	东方语言文化学院	2021	南宁市悦迅翻译服务有限公司	罗文青	越南语专业本科生和研究生

馆藏文献资料丰富。购买相关纸质图书16163种、电子图书880种，涉及葡萄牙语、意大利语、朝鲜语、越南语、泰语、希伯来语、匈牙利语、波兰语、乌克兰语、捷克语、土耳其语、印地语、缅甸语、马来语和罗马尼亚语等15个语种。建设数字图书数据库10个。持续建设MET外语学习资源库。学校图书馆成为西南地区首个收藏《韩国历代文集丛书》的高校图书馆，成为具有西部非通用语国别区域信息文献中心、"一带一路"文献资料库及国际化办学特色文献资料库，为人才培养奠定了坚实的学术资料基础。

学校的东西语言文化教学将在继承既有成果和优良传统的基础上，积极开拓，继续面向国家和地方经济发展战略需求。学校将继续沿着"一带一路"和西部陆海新通道方向布局新语种，为国家外交战略和地方高水平对外开放提供语言支撑。

区域国别研究的科研实践

随着国际形势的复杂多变，虽然我国综合国力在不断提升，但是我国也需要更加了解域外情况。在此背景下，近年来，区域国别研究日益勃兴，并进入交叉学科门类一级学科目录，区域国别研究将迎来新一轮大发展时期。

作为学科概念，区域国别研究最早出现在第二次世界大战后的美国。为了有效维护海外利益，美国持续加大海外研究的力度，遴选战略语种，强化资金支持力度，支持对部分重点国家和地区的研究，为美国在全球的利益服务。中华人民共和国成立后，为了系统地推进外交工作，在国内相关高校逐步建立以重要区域和国家为研究对象的研究机构，加大对国外问题的研究力度。随着"一带一路"倡议提出，中国与世界的关系更加密切，国家逐步提出有序推进区域国别研究的诸多规划，稳步高效地推进域外问题研究工作。

从内涵而言，区域国别研究是对特定国家或地区的历史、文化、政治、经济、社会、军事和外交等诸多内容进行的系统研究。因其研究对象庞杂，需要多个学科共同介入，因此从诞生开始，就具有跨学科属性。非通用语师生在日常学习过程中，以对象国的语言和文化为研究对象，兼及研究其社会、经济、政治等诸多问题，与区域国别研究具有高度同源性。

一、师资队伍实现语言与专业融合

师资是高等教育的第一资源。在推进区域国别研究的过程中，东西方语言专业的教师是最稀缺的资源，为了打造高水平教学科研团队，近三年，学校共引进和培养非通用语或区域国别研究学科带头人4人，引进非通用语教师29人（1人正在办理入职手续），引进区域国别研究人才10人。选拔9名非通用语教师赴海外攻读硕士学位，3名攻读博士学位。非通用语教师赴海外及高水平院校进行学历学位培训或业务培训201人次。选派9名非通用语教师参加国内非学历进修，16名非通用语教师参加对象国高等院校培训。选派21名非通用语教师参加岗前职业技能培训，参加国培计划1人。打造非通用语及区域国别教学团队15个，非通用语及区域国别科研团队21个（表2-8）。

表2-8 学校设立的非通用语教学科研团队

团队名称	项目来源	所涉语种	负责人	参与人	建设周期
东南亚国别研究团队	中央财政支持地方项目子项目	越南语	罗文青	罗文青、张倩霞、韦宏丹、阮春面	2019.10—2020.11
东南亚语种翻译特色课程教学改革团队	外国语言文学市级一流学科立项建设	越南语	罗文青	黄华宪、罗超、韦宏丹、钟雪映、黄秋莲、谢莉珠、杨肖洁	2018

团队名称	项目来源	所涉语种	负责人	参与人	建设周期
越南语研究团队	外国语言文学市级一流学科科研创新团队项目	越南语	罗文青	黄华宪、王少勇、曾珍、罗超、钟雪映、杨肖洁、高振东	2018
越南语语言文化特色教学团队	外国语言文学市级一流学科立项建设	越南语	罗文青	黄华宪、罗超、韦宏丹、钟雪映、黄秋莲、谢莉珠、杨肖洁、覃雯丹、赵银川、梁浩、蒙昭晓、张倩霞、张惠美、白纯、杨琳、韩呼和、纳嘉怡等	2017
东南亚语种翻译特色课程教学改革团队	四川外国语大学重庆市高校国际化人文特色建设项目（非通用语）教学团队	越南语	黄华宪	罗文青、张倩霞、韦宏丹、阮春面	2019.10—2020.11
亚非语言文学创新团队	重庆市教育委员会	朝鲜语	林香兰	朴春兰、元善喜等	2018.1—2020.12
文化要素融入语言课堂创新教学模式研究团队	重庆市教育委员会	朝鲜语	王礼亮	谢华、罗超、梁浩	2019.1—2020.12

续表

团队名称	项目来源	所涉语种	负责人	参与人	建设周期
朝鲜语翻译理论与实践团队	重庆市教育委员会	朝鲜语	林香兰	朴春兰、谢华等	2019.1—2020.12
亚非语言文学朝鲜语研究团队	重庆市教育委员会	朝鲜语	林香兰	朴春兰、元善喜等	2019.1—2020.12
高素质复合型朝鲜语国际化人才培养模式改革研究团队	重庆市教育委员会	朝鲜语	黄进财	谢华、文瑜等	2019.1—2020.12
非通用语国家教育发展报告（波兰）	重庆国际战略研究院项目	波兰语	刘顺玉		2018.07—2019.06
多语种混合式特色教学改革研究团队	四川外国语大学	土耳其语等	马武林	邢怡婷	2019.9—2021.9
"一带一路"背景下"非通用语+"外语人才培养模式改革探索	四川外国语大学	土耳其语等	王伟	吴越	2019.9—2021.9

团队名称	项目来源	所涉语种	负责人	参与人	建设周期
印度教育政策与法律比较研究	四川外国语大学	印地语等	龙洋	吴越	2019.9—2021.9
非通用语复语人才培养模式探索与实践	四川外国语大学	印地语、波兰语、土耳其语等	刘忠政	邢怡婷	2019.12—2020.12
跨国视域以色列文化与教育研究	四川外国语大学	希伯来语	毕建程	施歆文、郭洋	2019.10—2120.10
东南亚国家文化差异与经贸合作研究	四川外国语大学	泰语	赵素萍	蒙昭晓	2019.9—2021.9
非通用语跨文化交际科研创新团队	四川外国语大学	泰语、朝鲜语、捷克语、希伯来语、马来语等	淡修安	赵银川	2018.12—2121.12
东方文学作品翻译的虚拟班级建设团队	四川外国语大学	泰语、日语等	赵晓燕	赵银川	2018.12—2020.12

续表

团队名称	项目来源	所涉语种	负责人	参与人	建设周期
文化要素融入语言课堂创新教学模式研究	四川外国语大学	泰语、朝鲜语、越南语等	王礼亮	梁浩	2019—2021
共建"一带一路"国家创新能力比较研究	四川外国语大学	泰语、朝鲜语、波兰语等	党文娟	梁浩	2019—2021
"一带一路"背景下缅甸语专业本科人才培养体系改革研究	四川外国语大学	缅甸语	刘忠政	张惠美、白纯	2019.10—2020.12
缅甸语专业服务"一带一路"创新复合型人才培养研究	四川外国语大学	缅甸语	白纯	张惠美、刘忠政、赵学林	2020.3—2021.4
"一带一路"倡议下外商直接投资与跨文化交流研究	四川外国语大学	意大利语	刘夏	陈英	2018.1—2021.3
多语种儿童文学翻译与研究创新团队	四川外国语大学	意大利语	姜淑琴	陈英	2018.1—2021.3

团队名称	项目来源	所涉语种	负责人	参与人	建设周期
中国与意大利国家传播团队	四川外国语大学	意大利语	张幼斌	昝婷、李书竹	2019.6—2020.12
《古代汉语教材》建设研究	四川外国语大学	葡萄牙语	薛红	唐思娟、杨敏、周心语	2019.5—2021.12
中国—匈牙利人文交流史	四川外国语大学	匈牙利语	席桂桂	王琳、曾睿	2019.9—2020.10
非通用语国家跨文化哲学思想研究	四川外国语大学	匈牙利语	王天翼	王琳	2019.9—2020.10
媒介融合背景下"一带一路"非通用语言人才培养"中国文化"课程教学模式改革	四川外国语大学校级教改项目	波兰语	王飞	王珺、刘顺玉、陈秋虹	2019.6—2020.11
中东欧国别与区域问题研究	四川外国语大学	捷克语	邬建中	杨杏初	2019.9—2020.10
共建"一带一路"国家创新能力比较研究	四川外国语大学校级科研项目	波兰语	党文娟	王珺、梁浩、余喆晶	2019.6—2020.11

续表

团队名称	项目来源	所涉语种	负责人	参与人	建设周期
利益等级视角下的"一带一路"支点国家建设	四川外国语大学校级科研项目	波兰语	郭兵云	刘顺玉、王珺	2018.11—2020.11
"中欧班列"沿线非通用语重点交往国国际产能合作研究	四川外国语大学校级科研项目	波兰语	黄森	刘顺玉、邹思晓	2019.19—2020.12
中波基本颜色词的隐喻对比研究	四川外国语大学校级科研项目	波兰语	黄钇娴	王琳、邢怡婷、白纯、杨杏初	2020.5—2021.12
"一带一路"背景下中国（重庆）与中东欧合作研究	四川外国语大学校级科研项目	波兰语	吴兵	段青、孟利君、郭兵云、游涵、赵宁芳、张国玺、李靖、周思邑、陈丽丽、李茜、曾睿、黄钇娴、王铃、陈展	2019.6—2020.11
越南语语言文化教学团队	四川外国语大学特色教学团队	越南语	黄华宪	罗文青、罗超、韦宏丹、钟雪映、黄秋莲、谢莉珠、杨肖洁、阮春面、阮氏金峦	2018.10—2021.10
印度研究团队		印地语	段孟洁	熊晨旭、赵芳琳	2018.1—2021.3

二、学科专业实现多语种协同发展

学科专业是高校推动区域国别研究的龙头。通过务实建设，非通用语项目学科专业建设成效显著。成立了全国唯一的非通用语学院——重庆非通用语学院，具体负责新增非通用语的建设工作。学校综合改革后，进一步加强建设非通用语，根据语种相邻、相近原则，将相关非通用语分流至东方语言文化学院和西方语言文化学院，形成15个非通用语与2个通用语协同发展的态势，建成形成涵盖东北亚、东南亚、南亚、西亚、中东欧和西欧"一带一路"沿线重点国家的语种群。非通用语学科专业群建设，为学校区域国别研究工作奠定了学科基础。

三、学科研究多点开花

近几年，学校科研成果持续产出，先后获得国家级科研项目7项，其中省部级项目7项、校级项目30项。出版《以色列研究》《金砖国家国别与合作研究》《非通用语研究》《重庆非通用语区域国别研究》《重庆非通用语教学改革研究》《非通用语：发展与展望》等相关著作17部，即将出版著作12部。参加非通用语国内外学术会议40人次，举办全国性学术会议2次，邀请非通用语、区域国别研究等领域著名专家学者讲学80人次（表2-9—表2-12）。

表2-9　部分非通用语科研项目

名称	项目来源	级别	立项时间	负责人	语种专业
中层理论——东西方思想会通下的中国史研究	国家社科基金中华学术外译项目	国家级	2018	林香兰	朝鲜语
当代朝鲜族文学的民族国家意识研究	国家社科基金项目	国家级	2018	朴春兰	朝鲜语
金砖国家传播共同体建设与国际传播秩序重构研究	国家社科基金一般项目	国家级	2020	严功军	印地语、葡萄牙语
全球治理框架下金砖合作机制对"一带一路"建设的支撑作用研究	国家社科基金一般项目	国家级	2019	朱天祥	印地语、葡萄牙语
中国与巴西关系史研究	国家社科基金冷门"绝学"和国别史等研究专项	国家级	2018	谌华侨	葡萄牙语
基于地方治理的拉美主要国家"中央-地方"关系研究	国家社科基金项目	国家级	2018	张庆	葡萄牙语
以色列与周边国家关系研究	教育部国别与区域研究指向性课题	省部级	2018	陈广猛	希伯来语、土耳其语
共建"一带一路"国家领事与侨务工作（韩国）	共建"一带一路"国家领事与侨务工作	省部级	2018	黄进财	朝鲜语

名称	项目来源	级别	立项时间	负责人	语种专业
宗教文化在我国对外交往中的积极作用——以韩国为研究对象	重庆市重大决策咨询研究课题	省部级	2018	黄进财	朝鲜语
"一带一路"倡议与拉美对接的可行性研究	教育部国别与区域研究备案中心年度课题	省部级	2017	张庆	印地语、葡萄牙语
金砖国家政党制度比较研究	教育部国别与区域研究备案中心年度课题	省部级	2017	宋国华	印地语、葡萄牙语
韩国宗教治理体系对我国宗教事务工作的借鉴意义研究	重庆市重大决策咨询研究课题	省部级	2019	黄进财	朝鲜语
巴西在中美竞争格局下的利益选择及政策分析	教育部高校国别和区域研究2020年立项规划课题	省部级	2020	谌华侨	葡萄牙语
新时代背景下泰语口译课程改革与实践	重庆市教育委员会	厅局级	2020	张倩霞	泰语
东南亚短期出家习俗比较研究	四川外国语大学	校级	2017	覃雯丹	泰语
《非通用语国家教育发展报告》子课题《葡萄牙教育发展报告》	重庆国际战略研究院	校级	2018	唐思娟	葡萄牙语

续表

名称	项目来源	级别	立项时间	负责人	语种专业
共建"一带一路"国家贸易投资法子项目之国际战略研究院——《巴西贸易法译丛》	重庆国际战略研究院	校级	2018	唐思娟	葡萄牙语
重庆市高校国际化人文特色建设重点项目《巴西文学经典中的国家认同构建》	重庆国际战略研究院	校级	2019	唐思娟	葡萄牙语
重庆市高校国际化人文特色建设非通用语国别区域研究项目"葡语国家新冠疫情报道中的中国形象研究"	重庆国际战略研究院	校级	2020	唐思娟	葡萄牙语
非通用语国家教育发展报告（匈牙利）	重庆国际战略研究院	校级	2018	曾睿	匈牙利语
非通用语国家教育发展报告（捷克）	重庆国际战略研究院	校级	2018	李茜	捷克语
泰国长篇小说《我们的土地》译著	四川外国语大学	校级	2018	蒙昭晓	泰语
泰国郑信历史形象的建构：民族主义与集体记忆的互动	四川外国语大学	校级	2018	梁浩	泰语
共建"一带一路"国家高等教育发展战略研究	重庆国际战略研究院研究项目	校级	2018	曾睿	匈牙利语

名称	项目来源	级别	立项时间	负责人	语种专业
东南亚语言文化研究	四川外国语大学非通用语科研团队立项	校级	2019.6	罗文青	越南语
金砖国家教育资源开发与研制比较研究	四川外国语大学	校级	2019	唐晓玲	
基础泰语阅读教程	四川外国语大学	校级	2019	覃雯丹	泰语
金砖机制下的巴西民间社会组织的角色定位与发展现状	重庆国际战略研究院	校级	2020	刘梦茹	葡萄牙语
2019年度四川外国语大学特色项目建设之"葡萄牙语国家概况"在线课程	四川外国语大学	校级	2020.1	杨敏	葡萄牙语
匈牙利神话中的动物形象研究	四川外国语大学	校级	2020.7—2019.9	王琳	匈牙利语
捷克第二次世界大战题材电影中女性人物形象研究	四川外国语大学	校级	2020.7	杨杏初	捷克语
印地语专业课程交叉渗透研究	四川外国语大学	校级	2020	熊晨旭	印地语
初级印地语视听说（特色教材）	四川外国语大学	校级	2020	熊晨旭	印地语
印度慕课发展路径及借鉴意义	四川外国语大学	校级	2020.3	段孟洁	印地语

续表

名称	项目来源	级别	立项时间	负责人	语种专业
新冠疫情下印地语涉华新闻研究	重庆国际战略研究院重庆市高校国际化人文特色建设非通用语国别区域研究	校级	2020.5	段孟洁	印地语
东南亚古代地区秩序下的中泰关系史研究	重庆战略研究院	校级	2020	梁浩	泰语
犹太教神秘主义经典《创造之书》研究与翻译	四川外国语大学	校级	2020.10	施歆文	希伯来语
缅甸本部宗教传说研究	四川外国语大学	校级	2020.2	张惠美	缅甸语
"一带一路"背景下中国高校马来语人才培养模式改革研究	四川外国语大学	校级	2020.3	杨琳	马来语
中国影视对越南传播中的话语权构建研究	重庆国际战略研究院研究项目	校级	2020.6	黄华宪	越南语
进步主义文学批评家眼中的普列姆昌德	四川外国语大学	校级	2020.7	赵芳琳	印地语
"互联网+教育"背景下文学圈教学模式与路径探析	四川外国语大学	校级	2021.1	杨敏	葡萄牙语
近现代印地语文学中的印度社会问题研究	四川外国语大学重庆非通用语学院	院级	2019.9	赵芳琳	印地语

名称	项目来源	级别	立项时间	负责人	语种专业
"一带一路"倡议下中国与捷克地方政府经贸合作研究	四川外国语大学重庆非通用语学院	院级	2019.9	李茜	捷克语

表2-10　非通用语书籍出版

名称	出版社	时间	负责人	类型	语种专业
《基础越南语》	重庆大学出版社	2015	罗文青	编著	越南语
《越南经济》	世界图书出版有限公司	2017	罗文青	编著	越南语
Fracinese e Italiano	Palermo University Press	2018	陈英	编著	意大利语
《当代越南语汉字词汇使用现状研究》	世界图书出版有限公司	2018	罗文青	编著	越南语
《越南文化》	科学出版社	2018	罗文青	编著	越南语
《法国：把情感寄托给印象派》	中信出版集团股份有限公司	2019	王倩倩	译著	朝鲜语
《基于吸收能力视角的FDI技术溢出门槛模式研究》	新星出版社	2019	王礼亮	译著	朝鲜语
《韩国语形状名词的语义研究》	新星出版社	2019	谢华	专著	朝鲜语
《朝鲜与中国语言文字规范比较》	四川大学出版社	2019	黄进财	专著	朝鲜语

续表

名称	出版社	时间	负责人	类型	语种专业
Tanácsok a koro-navírus me-gelőzéséhez	Medicina Könyvkiadó	2020	王琳	译著	匈牙利语
"कोविड-19 कीरोकथामऔरनियंत्रण सम्बंधीप्रोफेसरजांगवे न्हाँगकेसुझाव	Royal Collins Publishing Group Inc.	2020	段孟洁、熊晨旭、赵芳琳	译著	印地语
COVID-19'UN ÖNLENMESİ VE KONTROLÜ HAK-KINDA ÖNERİLER	KırmızıKedi Yayınevi	2020	邢怡婷、吴越、刘云泽等	译著	土耳其语
《沐恩，快跑!》	世界图书出版有限公司	2020	黄华宪	译著	越南语
《儿童COVID-19管理快速建议指南》（马来语译本）	Annals of Translational Medicine	2020	杨琳	译著	马来语
《非通用语：发展与展望》	重庆大学出版社	2021	刘忠政、王琳	编著	非通用语
《欧亚国家留学锦囊》	人民日报出版社	待出版	杨琳	编著	马来语

表2-11　非通用语专业师生发表的部分论文情况

名称	期刊	时间	作者	语种专业
《以色列智库对外交政策的影响》	《西亚非洲》	2016.4	陈广猛	希伯来语
《中国和以色列双边经贸活动不对称的互补关系》	《对外经贸实务》	2017.9	陈广猛	希伯来语

名称	期刊	时间	作者	语种专业
《切萨雷·帕韦塞的神话空间》	《外国文学》	2019.03	陈英	意大利语
《那不勒斯的喧嚣与热度》	《云端》	2019	陈英	意大利语
《"一带一路"倡议背景下商务意大利语专业复合型人才培养对策探索——以经贸意大利语教学为例》	《对外经贸》	2019.10	秦昕婕	意大利语
《意大利外教和他们的网络课堂》	《重庆与世界》	2020.11	昝婷	意大利语
《重庆与意大利交往历史与展望》	《重庆与世界》	2020.8	李书竹	意大利国别研究
《意大利儿童文学的黄金时期探究：二十世纪四十年代至六十年代》	《大学（社会科学）》	2020.09	李书竹	意大利语
《暴力、自我赋权与同谋》	《书城》	2021	陈英	意大利语
《与假想的对手格斗到底——读彼得罗格罗西小说集〈拳头〉》	《文学报》	2021	陈英	意大利语
《关于面向葡萄牙语本科专业学生的语法资源库建设构想》	《课程教育研究》	2018	唐思娟、陈懿、杨敏、郑佳宝	葡萄牙语

续表

名称	期刊	时间	作者	语种专业
《浅谈经贸葡语教学中的问题及反思》	《新教育时代》	2018	杨敏	葡萄牙语
《浅谈葡语翻译课程教学策略》	《西部论丛》	2018	杨敏	葡萄牙语
《浅析翻转课堂教学模式在葡语精读课程的运用》	《商情》	2018	杨敏	葡萄牙语
《从语言教学实践中看葡语冠词学习的困难》	《课堂内外》	2019	周心语	葡萄牙语
《葡萄牙语冠词教学在高校的现状》	《进展·科学视界》	2020	周心语	葡萄牙语
《从需求的角度分析经贸葡语课程教学策略》	《西部论丛》	2020	桑金拉姆	葡萄牙语
《葡萄牙语名词与定冠词的搭配与省略分析》	《看世界·学术下半月》	2020	桑金拉姆	葡萄牙语
《影响葡萄牙语传播因素的分析》	《进展·科学视界》	2020	周心语	葡萄牙语
《葡萄牙语熟语教学中的语言教学和文化教学》	语文课内外	2020	周心语	葡萄牙语
《张大千在巴西》	《巴蜀史志》	2020	桑金拉姆	葡萄牙语

名称	期刊	时间	作者	语种专业
Provérbios e Expressões Idiomáticas em Português e em Chinês	*Produção de Materiais Didáticos para o Ensino de PLE no contexto da China e da Ásia-Pacífico*	2020	刘梦茹	葡萄牙语
The State, difficulties and counter-measures of the Portuguese language course in continental China under the "One Belt and One Road" initiative——a case study of the university of Sichuan	*Prolingua*	2020	唐思娟	葡萄牙语
《"一带一路"背景下波兰电视产业发展的现状及问题》	《西部广播电视》	2020	王珺	波兰语
《波兰公共电视台的发展现状及困境》	《戏剧之家》	2021	王珺	波兰语
《当前波兰新媒体行业发展新趋势》	《新闻研究导刊》	2020	王珺	波兰语
《波兰创新政策演化路径及特点分析》	《国别和区域研究》	2020	王珺	波兰语

续表

名称	期刊	时间	作者	语种专业
《中国和波兰技术创新政策对比分析》	《当代经济》	2020	王珺	波兰语
《基于"一带一路"倡议下波兰社会环境维度投资便利化水平研究》	《产业与科技论坛》	2020	刘顺玉	波兰语
《波兰国际物流运输环境评价以及对投资便利化的影响分析》	《产业与科技论坛》	2020	刘顺玉	波兰语
《捷克斯洛伐克犹太题材电影的叙事手法——以〈大街上的商店〉为例》	《今古文创》	2020	杨杏初	捷克语
《捷克新媒体发展研究》	《新闻研究导刊》	2020	杨杏初	捷克语
《捷克教育电视台的发展现状及困境综述》	《西部广播电视》	2020	杨杏初	捷克语
《越南语专有名词汉译问题的探索——以人名地名为例》	《外国语文》	2018	罗文青	越南语
《越南行政组织机构名称汉译问题探究》	《现代语言学》	2019	罗文青	越南语

名称	期刊	时间	作者	语种专业
《越南语中的汉越词翻译问题》	《翻译研究与教学》	2019	罗文青	越南语
《韩国语言国际传播中的文化因素实证分析》	《外国语文》	2019	黄进财	朝鲜语

表2-12 学校创办的非通用语集刊

名称	出版社	时间	负责人	类型	语种专业
《以色列研究》	社会科学出版社	2020	陈广猛	编著	希伯来语、土耳其语
《金砖国家国别与合作研究》	时事出版社	2020	朱天祥	编著	印地语、葡萄语、俄语、英语
《非通用语研究》	时事出版社	2020	刘忠政	编著	非通用语
《重庆非通用语教学改革研究》	重庆大学出版社	2020	刘忠政 张惠美 白纯	编著	非通用语
《重庆非通用语区域国别研究》	重庆大学出版社	2020	谌华侨 段孟洁	编著	非通用语
《非通用语：发展与展望》	重庆大学出版社	2021	刘忠政	编著	非通用语

四、咨政服务体现鲜明涉外特色

根据经济社会发展需要，学校整合校内外资源，成立两大应用研究型科研机构——当代中国研究院和区域国别研究院（图2-3）。当代中国研究院在"一带一路"倡议关键语种建设布局、高端国际传播人才培养、西部地区当代中国研究高端智库建设、多语种学术外译、当代中国研究课程建设等领域开展人才培养、科学研究、社会服务和文化传承创新。聚焦当代中国研究、国际传播研究和全球治理研究等研究领域，以讲好中国故事为根本，力争"加强和改进国际传播工作，展示真实立体全面的中国"，在全球构建人类命运共同体的进程中，传播中国声音，宣介中国主张、中国智慧和中国方案。区域国别研究院坚持以学术研究为导向，充分发挥川外小语种和多语言优势，面向世界重点国家和地区开展专业性和前瞻性的研究，争取以有特色的科研成果为社会服务，力争发展成为"重庆第一、西南领先、全国一流"的高校国际问题研究新型智库。学校应用研究机构向相关单位提交内参报告10篇，其中1篇获得中共中央办公厅批示。

图2-3　研究院院徽

五、服务地方发展优势明显

非通用语服务地方经济社会发展成效显著。学校先后成立重庆市国际战略研究院、金砖国家研究院、以色列研究中心、当代话语体系研究院、陆海新通道涉外服务行业中外人文交流研究院等，打造新型应用研究平台，针对国家和地方需求，提供助商应用型服务。先后向国家部委和地方政府部门提供内参报告多篇。学校与重庆市总商会、重庆国际文化交流中心合作，设立拉美营商环境研究中心，帮助重庆企业更好实现"走出去"战略，深化重庆企业与拉美国家驻渝、驻蓉总领馆、商务机构和企业的联系（图2-4）。

图2-4　拉美营商环境研究中心成功举办《哥伦比亚营商环境报告》线上发布会

03

第三章

文化认同力与国际学生的中国情怀

2017年3月，中华人民共和国教育部、外交部、公安部联合制定并发布了《学校招收和培养国际学生管理办法》。该文件规定，汉语和中国概况应当作为高等学历教育的必修课。同时，高等学校应当对国际学生开展中国法律法规、校纪校规、国情校情、中华优秀传统文化和风俗习惯等方面的内容的教育，鼓励和支持国际学生自愿参加公益活动、中国重大节日的庆祝活动。①2018年9月，教育部又制定并印发了《来华留学生高等教育质量规范（试行）》。该规范在人才培养目标上明确规定，来华留学生应当熟悉中国历史、地理、社会、经济等中国国情和文化基本知识，了解中国政治制度和外交政策，理解中国社会主流价值观和公共道德观念，形成良好的法治观念和道德意识，同时应当具备包容、认知和适应文化多样性的意识、知识、态度和技能，能够在不同民族、社会和国家之间的相互尊重、理解和团结中发挥作用。②这为来华留学教育关于培养什么样的人这一核心问题提供了根本遵循。

① 《学校招收和培养国际学生管理办法》，2017年6月2日，中华人民共和国教育部、中华人民共和国外交部、中华人民共和国公安部，中华人民共和国教育部网站。

② 《来华留学生高等教育质量规范（试行）》，2018年10月9日，中华人民共和国教育部，中华人民共和国教育部网站。

文化认同力释义

文化指人类在社会历史实践中所创造的物质财富和精神财富的总和。人们根据《周易·贲卦》中提到的"关乎天文，以察实变；关乎人文，以化成天下。"提炼出了"文化"概念。现代社会中的文化，主要指的是一个社会群体（如国家、民族、企业、家庭等）在长期的历史传承过程中形成的思想观念、风俗习惯、行为特点、精神风貌等为整个群体所共享的整体意识，以及由整体意识所辐射出来的一切人文社会活动。[①]

文化认同是指个体和个体以外的对象之间产生结合关系，个体被群体文化影响，并产生认同感，成为自我的一部分，也就是对一种文化的理解、尊重、接受和实践过程，其核心是价值认同和价值观认同。[②]

国际学生的文化认同是通过深入体验中国的社会环境以及感受中国的人文风情，建立接纳、适应、认可、传播中华文化的过程。国际学生在中

[①] 胡鞍钢、刘韬：《民族伟大复兴的本质是文化复兴：兼谈当代中国文化的独特性》，《人民论坛·学术前沿》2012年第14期，第6-12页。

[②] 吴灿新：《文化认同与和谐社会建设》，《广东省社会主义学院学报》，2006年第3期，第49-53页。

国学习语言和专业知识，能够深刻感受到中国独特的文化魅力所在，逐渐体会到中国文化博大精深的内涵，提高文化认同感，帮助其缓解文化冲突带来的不适应感。在度过文化休克期后，来华留学生可化身中国文化"使者"，以其独特的视角对外传播中华优秀文化。

文化认同是我国能否吸引国际学生来华学习的前提和基础，其主要表现为文化独特性、文化吸引力、文化影响力等。

一、文化独特性

文化是一个民族在世界上最突出的符号和特征。一个国家若要立足世界，首先要具备自身独特的文化。文化以民族性格、国家记忆的方式塑造出一个国家的思维和行为。经济制度可以相互学习，政治制度可以相互借鉴，只有文化，是一个国家和民族最需要珍惜的财富。

中华文化源远流长，五千多年来一脉相承，始终没有中断，呈现出自身的独特风格，具有独一无二的延续性和统一性。汉语是世界上唯一一种以统一国家形式存在的、十几亿人口规模共同使用的语言；汉字更是独一无二的中国文化符号。中华文化在历史上创造了许多成就，为推动人类多样化、多元文化文明的发展贡献了不可磨灭的伟大力量。如今，中国也将迎来文化的伟大复兴，迈上文化强国的道路，为世界民族增添智慧之光，为人类文明发展作出更为突出的贡献。[1]

① 胡鞍钢、刘韬：《民族伟大复兴的本质是文化复兴：兼谈当代中国文化的独特性》，《人民论坛·学术前沿》，2012年第14期，第6-12页。

二、文化影响力

党的十八大以来，以习近平同志为核心的党中央高度重视中国特色社会主义文化建设，以中华优秀传统文化为指导，以革命文化为源泉，以社会主义先进文化为目标的中国特色社会主义文化影响力开始呈现出正向加速递增效应。"世界上越来越多的人开始对当代中国价值观念感兴趣，越来越多的人开始客观看待当代中国价值观念。"[1]美国南加州大学外交研究中心联合英国波特兰公关公司于2018年7月12日共同发布的报告显示，中国连续四年跻身全球软实力30强，中华文化的文化影响力指数位列前十。此外，得益于中国深厚的文化底蕴与独特魅力，相声、曲艺、戏剧等中华优秀传统文化开始走向世界；以《战狼》等为代表的中国影视作品在海外热播，好评如潮；中国文学也开始频繁地进入世界文学交流活动，中国的经典文学作品被翻译成世界多种语言发行，如中国作家刘慈欣创作的科幻巨著《三体》系列小说。中国文学已成为世界文学创新的重要力量。中国的文化元素已深度融入百年未有之大变局中，深刻地影响着人们的思想与行为。

以"汉语热"为例。进入21世纪，特别是2008年北京奥运会成功举办以后，全球掀起了学习汉语的热潮，其主要原因是中国经济实力的不断强大。不仅如此，中国的国际投资额也在增加。根据英国经济与商业研究中心和英国品诚梅森律师事务所的调查报告：2025年以前，中国将向英国的基础设施投资1050亿英镑，其中能源、房地产和运输业将是最大

> [1] 《提高国家文化软实力》，中国共产党新闻网，访问时间：2013年12月30日。

投资对象。随着欧洲对中国投资的看重，以及各国中资企业的增多，汉语也越来越得到人们的重视。2014年6月，英国最大的雇主组织——英国工业联合会发布的调查结果显示，拥有外语技能的员工大受雇主欢迎，其中汉语人才备受热捧。此次调查针对291家英国公司，其中有近三分之二的受访企业表示需要外语人才。在最受雇主欢迎的外语中，法语、德语、西班牙语的受欢迎度超过40%，汉语则达到31%，日语仅为15%。汉语人才成为最受英国雇主青睐的外语人才。

相关研究显示，从宏观数据来看，海外学习并使用汉语的人数已超过1亿人，其中包括6000多万华侨华人，以及4000多万各国非华侨华人的学习者和使用者。党的十八大以来，先后有180多个国家和地区与中国建立了教育合作关系，有47个国家和地区与中国签订了学历学位互认协议；中国在140多个国家建立500余所孔子学院；美国、英国、法国、日本、韩国、马来西亚、爱尔兰、德国、俄罗斯、比利时、法国、意大利、英国、摩洛哥、南非等近70个国家已将汉语纳入该国的国民教育体系，并得到了官方认可。中国已成世界第三、亚洲最大的留学目的国。

2005年，日语、法语和德语是韩国大学入学考试中被选择最多的第二外语，选择这3种语言的学生占考生总数的三分之二；但现在韩国有越来越多的普通高中将汉语作为第二外语开设课程，开设该课程的学校占韩国学校的整体比例从2000年的8.8%猛增至2012年的36.8%。因此，韩国各个学校对汉语教师的需求也在迅速增加，中国向韩国学校派遣教师的人数从2012年的200名增至2014年的265名。韩国汉语水平考试事务局局长梁美京表示，从汉语水平考试在海外实施以来，韩国考生的数量一直占据首位。梁美京进一步指出，2013年的韩国考生人数为8.5万名，2014年考生人数预超过10万人次。截至2013年，韩国已经在境内的12个城市设立22个汉语水平考试考点。①

① 万宇：《韩国：汉语热升温 今年参加汉语考试人数或超10万人次》，人民网，访问时间：2014年11月6日。

在东南亚国家，汉语教育的发展势头也是只增不减。东南亚国家拥有较多的海外华人，东南亚华人学习汉语的热情也在与日俱增。与此同时，越来越多的非华族学生入读华校学习汉语，甚至成为汉语教师。比如印尼丹格朗省与雅加达西部交界处有一所全国最大的三语学校——八华学校，从幼儿园到高中，学生达4000多名，其中非华族学生占12%，颇受青睐。②甚至有的学校华族学生和非华族学生人数已经相当，如印尼日惹崇德三语学校，其2015年的华族学生与非华族学生所占比例分别为52%、48%。在越南，"汉语热"同样如火如

② 林旭娜：《文化交流先行 东南亚现华文教育热》，搜狐网，访问时间：2017年4月12日。

荼，学习汉语的人数和汉语教学规模都空前扩大，汉语在越南已成为继英语之后的第二大外语。在泰国，得益于政府的支持，汉语也已成为泰国第二大外语。

在西方国家，汉语教育的发展前景也是一片大好。2017年，英国《金融时报》发表了一篇题为《探访英国首所中英双语小学》的文章，其描述了英国富裕家庭对学习汉语的狂热。在伦敦肯辛顿区，英国首家中英双语私校——韦德双语小学正在稳步推进首批招生课程，③其首批学生来自美国、俄罗斯、英国等国家。如

③ 李应齐：《更多英国学校开设汉语课程：学中文不再仅仅是兴趣》，环球网，访问时间：2017年10月24日。

今，英国已将汉语纳入国民教育体系，让其成为英国初、中等教育的重要内容之一。英国前首相卡梅伦曾呼吁该国儿童"不要再学法语，改学中文"。

2016年9月，英国教育部推出"卓越汉语教学"项目，投资1000万英镑，计划4年内培养至少5000名能流利使用汉语的中学生，同时培养100名中文教师。英国政府更提出，2020年英国的汉语学习人数要达到40万。2017年9月，4岁的英国乔治小王子除了学习英语、数学、芭蕾等课程外，还学习汉语。除英国外，法国也在积极推动汉语教学。据法国电视二台报道，2007—2017年，法国学习汉语的中小学生人数翻了四番，汉语已成为初、中等教育阶段位列西班牙语、德语、意大利语之后的第四大"第二外语"。此外，德国有300余所中小学推出汉语课程，60多所高校教授汉语，1000多所社区学院及私立语言学校也都设有中文课程。汉语也成为德国许多州的中学会考科目。

据前孔子学院总部总干事许琳介绍，美国2005年的一份调查报告显示，当时全美只有200所中学开了汉语课，学中文的学生只有20000人，而40%学外语的中学生中，学西班牙语的占70%，学法语的占20%，学德语的占6%，学拉丁语的占3%，学习外语的学生中只有1%学习汉语。[1]但是，截至2015年，美国却成为世界上拥有孔子学院最多的国家。全美有109所孔子学院和348个孔子课堂，约40万美国学生在学习汉语。美国前总统特朗普的外孙女阿拉贝拉也在学习汉语的学生之列。阿拉贝拉曾就读的语言学校校长帕特里齐亚·萨拉切尼·科尔曼指出，在该学校超

① 韩莎莎：《40万人学中文！美国"汉语热"进入新阶段》，人民网，访问时间：2016年5月6日。

过一半学普通话的学生是美国小孩，父母决定让小孩学普通话，是因为他们认为学中文有巨大的教育价值，他们感到孩子将来可能用到中文或者能够比没有学过中文的人更了解中国文化。2017年，俄罗斯首次制定了中级义务教育（5年级以上）汉语教学大纲，并计划以此为基础制定全国统一考试。此外，莫斯科谢列梅捷沃国际机场的显示屏开始有除俄语和英语以外的第三种滚屏语言——汉语，机场所有指示牌也都添加了中文标识。

近年来，随着中国和非洲国家关系的发展，双方的贸易往来逐渐增多，非洲国家对汉语人才的需求也持续增加，非洲人民学习汉语的热情不断升温。截至2018年，非洲的41个国家设立了54所孔子学院和30个孔子课堂，累计培养各类学员140多万人。

三、文化吸引力

仍以"汉语热"为例。中国拍摄制作的电视剧和电影在海外越来越受欢迎。

在越南，中国影视剧集成功打进年轻人圈子，越南年轻人掀起汉语学习热。在河内经营两家汉语学习中心的严翠庄指出，她在3所大学附近开设了汉语学习中心，一个月可以吸引30名新学生。她说："20世纪90年代末和21世纪初出生的年轻人来我们这里上课，是因为他们喜欢看中国电视剧和电影。他们希望不用等字幕出炉就能看懂中国剧，并梦想有一天能用汉语与中国影视偶像交谈。"①报道称，严翠庄不仅利用课本教授汉语，还通过主办中国茶

① 唐琪：《跨"越"山水，中越人文交流历久弥新》，《中国—东盟博览》2022年第12期，第22—23页。

艺分享会、在中心内摆放古筝和张贴中国剪纸，让学生多接触中华文化，寓文化教育于语言教育之中。她以过来人的经验说："热爱一种文化形式，例如电影，会激发进一步探索的兴趣。"除了中国电视剧在网上吸引年轻人，中国电影也在越南电视频道热播，进一步展示中华文化的魅力。在Quora网站上，还可以看到各种学习中文的理由，如因中文难度系数高而试图通过学习中文来挑战自己的学习能力、来中国旅游以及纯粹地享受汉字之美。

中国语言文化的教学探索

　　学校为国际学生开设汉语言文学本科专业，基本学制四年。来校进修的国际学生根据其汉语水平分别插入相应本科班级。该专业旨在培养具有较扎实汉语基础，汉语听、说、读、写技能全面，对中国社会和文化有较为广泛的了解，有进一步培养的潜能，有较强的母语与汉语互译能力，能用汉语在各级机关、各类学校以及企业从事相关工作的母语为其他语言的汉语人才。

　　该专业学生主要学习汉语语言、中国文化和中国社会等方面的基本理论和基本知识，将中国基本国情及中国文化贯穿语言教学始终，除基本的汉语听、说、读、写等课程外，另开设"中国概况""中国文化""中国历史""中国古代文学史"等知识理论课，使国际学生系统地、理性地认识中国，了解中国。

　　以"中国概况"为例，该课程在三年级下学期设置，此时国际学生已具备较高的汉语水平，具有较强的汉语听说读写能力，对中国的基本国情有一定的认识。该课程每周2学时，每学期18周，共36个学时，2学分。

一、课程定位

学校将"中国概况"定位为一门面向国际学生传播中国当代价值观的"文化通识课",也是一门针对来华留学生的思政课程。国际学生不仅需要学习和了解中国,更需要懂中国、传递中国声音、完成中外文化交流的使命。该课程主要培养国际学生"知华、友华、爱华"的情结以及客观真实传递当代中国声音的意愿和能力,是一门集知识传授、思想塑造、价值引领、文化认同、情感认同为一体的课程。

二、教学目标

"中国概况"教学目标侧重于"情感""应用"层面,以"高阶性"学习为课程目标。

知识层面上,为国际学生构建起"中国概况"的体系框架,使学生了解中国的国情,熟悉中国的文化。

能力层面上,使学生具备正确看待当代中国的意识。客观、全面地看待中国社会的主流价值观和公共道德观念,并形成良好的法治和道德观念。以正确的意识地对待中国,消除其对中国的误解和固有印象,并消除跨文化交际中的障碍。

态度层面上,引导学生认同中国的价值追求,并乐于主动传播中国的价值观念。

应用层面上,使学生具备"传播中国声音"的意识和方法。让学生能够运用了解到的中国人的思维方式、处事方式、社会价值观念、审美爱好等,分析、解释更多的"中国现象",成为中外文明交流使者。

学校通过完成以上课程目标,使学生的认知水平由初级逐层上升到高级。

三、教学理念

1.潜移默化，润物无声

考虑到课程部分内容的敏感性及国际学生的特殊性，教师在实际教学过程中，客观地看待不同国家的价值取向，采用不同文化视角，以事实说话的方式来呈现一个全面、真实、立体的中国形象。

2.教师主导，学生主体，以学生为中心

教学是一种创造性活动，可以培养学生的主体性，是一个引导学生从原始知识和经验中发展新知识和获得新经验的过程。

学习不是老师简单地向学生传递知识的过程，而是学生自己构建知识、形成认识的过程。学生不是被动地接收信息，而是主动地构建意义。以他人的经验和背景为基础，并在他人的帮助下获得自己的知识和经验。

教学不能忽视学生的经验，也不能直接向其灌输新知识。相反，它应该以学生的现有知识和经验作为新知识的前提，并引导学生从已有的知识和经验中增加收益。

3.深挖中国元素，讲好中国故事

教师以"价值观"为导向，在授课内容上选择能够体现中国主流价值观念、审美的事例，为学生营造浓厚的文化氛围，通过探究式学习，引导学生做好中外文化交流的友好使者。

四、教学方法

1.混合教学

首先，教师在课前发布预习任务，让学生提前了解课程知识点，自主习得事实性知识与概念性知识，完成低阶性的教学目标。然后，教师在课堂上将学生已经习得的知识串成线、连成面，帮助学生理清思路，构建知识框架。接着通过阅读补充材料、课堂讨论等形式，引导学生进行深入思考，带领学生完成高阶性的教学目标。最后，教师引导学生从知识层面的学习上升到价值层面的感悟。

2.探究式学习

教师以问题为导向，培养学生的高阶思维能力；注重启发式教育，引导学生发现问题、分析问题、解决问题。

3.深入浅出

教师与学生来自不同的国家，文化、语言、立场不同，价值观、人生观、世界观可能很不一样，学生不能立即接受或认同某些观点是很正常的，教师要有平常心，孜孜不倦，水滴石穿；要充分尊重国际学生的认知规律和接受特点，通过类比和共情等方式达到教书育人的目的。

五、教学步骤

1.了解情况

检查学生预习时提出的问题，摸清学生自主学习的情况。

2.知识串讲

帮助学生在纷繁复杂的知识点中抓到重点，让其根据教师的引导建构合理的知识框架。

3.解疑答惑

解答学生在预习课程内容提出的问题，既可以检验学生的课前预习情况，也可以了解学生对课程内容存在的主要问题，进而针对性地解答学生的问题。

4.完成练习

教师向学生提出知识性、概念性的问题，检查学生解决低阶学习问题的情况，为其后续的高阶学习做准备。

5.拓展学习

拓展学习主要是教师进行阅读资料补充。例如，在讲到中国国土和行政区划时，让学生阅读习近平《在庆祝香港回归祖国20周年大会暨香港特别行政区第五届政府就职典礼上的讲话》，结合材料思考并回答下列问题。

（1）怎么理解"一国两制"？中国政府的立场如何？

（2）"一国两制"在实践中遇到了哪些新情况、新问题？解决这些问题的关键是什么？

（3）在你的国家中，有没有类似的创新举措？如果有，请详细谈谈它的实践情况。

6.能力训练

例如，学习完第四章的《中国的民族》后，观看纪录片《走向光明——纪念西藏民主改革60周年》，并讨论以下问题。

（1）根据刚才观看的视频，在解放以前，中国藏族地区的大多数人的生活怎么样？

（2）请同学们讨论，你如何理解"废除落后的旧制度，实行民主改革"？

（3）请同学们讨论，你的国家的民族政策和中国的民族政策有何异同？为什么会有这些不同？

7.课后思考

例如，学习完中国的民族政策后，让学生思考以下问题。

（1）请采访一下身边的中国少数民族的同学或朋友，问问他或她在中国生活的情况及他们对政府的感受。

（2）如果你的国家的朋友想要了解中国的民族政策，你会怎么介绍？

8.课外调研

例如，学习完中国的经济概况后，给学生布置调研重庆轨道交通、电商运营、电子支付等任务，引导学生更加全面、深入地理解课程内容。

除常规课程外，学校还试点将《习近平谈治国理政》中的部分内容有机融入国际学生汉语言文学本科专业的相关课程。在讲授"高级汉语阅读"课程时，教师会挑选《住房保障与供应》《"高铁外交"——中国外交新名片》《我国精准扶贫实施五年来取得重大成就》《让文明家庭成为梦想起航的地方》《中华人民共和国民法典》《离婚冷静期》《中国城乡发展和政策》《大城市的异乡人》《户籍政策变化》《加快推进住房保障和供应体系建设》《着力解决"两不愁三保障"突出问题》《教育公平》《青少年成长相关问题》等与课程内容高度相关的阅读材料让学生阅读。

以"精准扶贫"为例。课前，教师让学生自行了解中国的精准扶贫政策，同时让学生收集各自国家在扶贫领域的政策与做法。课上，教师让学生围绕"中国的精准扶贫"展开讨论，了解学生是否读懂相关资料，是否真正明白中国的精准扶贫政策。然后，教师根据学生在讨论过程中提出的问题，有针对性地进行讲解。

国情教育活动的实践探索

学校一贯重视国际学生的国情教育，每年定期分类组织国际学生走出校门，以参观考察、交流访问、竞赛征文等方式，使国际学生充分且深入地了解中国，尤其是改革开放以来中国在经济、教育、人文、生态文明建设、脱贫攻坚等方面取得的巨大成就。

一、孔子学院奖学金生赴黔江交流考察

2016年11月，学校组织20余名孔子学院奖学金生赴重庆市黔江区进行为期2天的交流考察。国际学生首先走进黔江实验中学，参观了校园。简短而热情的欢迎仪式过后，国际学生便与中国同学开始了"破冰"游戏。从开始害羞到小声交谈再到游戏中的互相配合，中外学生很快就"打成"一片。午饭后，国际学生在黔江实验中学师生们的指导下，穿上了土家族的服装，跳起了具有浓厚土家族特色的摆手舞（图3-1），活动气氛被推向了高潮。告别黔江实验中学师生后，国际学生们参观了位于黔江区东南角的濯水古镇，对土家族和苗族的建筑风格、生活习惯有了初步了解。

图3-1 孔子学院奖学金生学习土家族摆手舞

二、中国政府奖学金生赴凤凰古城参观考察

2016年11月，学校组织10余名中国政府奖学金生前往凤凰古城参观考察（图3-2）。

行前，学校专门召集学生们讲解了古城的历史，特别介绍了中国著名作家沈从文的生平及其主要著作，让学生查阅相关资料，了解《边城》的故事梗概，布置了"课后作业"——边城游记。在出发去古城的路途中，学校还组织学生一起畅谈他们想象中的古城的模样，以及对《边城》的理解。在古城，学生们拜谒了沈从文墓，参观了沈从文故居等。

图3-2 中国政府奖学金生参观凤凰古城

三、国际学生受邀参加"花朝大典"

2017年3月，四川外国语大学18名国际学生受邀参加在长寿湖举行的"花朝大典"。学生们身着汉服，在悠扬的古琴声中聆听了《咏花朝》《晓巡北圃七绝》《江南逢李龟年》等10首以"花"为主题的古诗词。随后，学生们与中国青年学子一道，依次进行盥洗、加笄加冠、醴礼、三拜、宣誓、师长聆讯、吟诵环节，举行充满仪式感的汉式成人礼。礼成之后，学生们随队游湖，一起欣赏长寿湖的美景。学生们仿佛"穿越"回数千年前，纷纷惊叹汉服的精美（图3-3），震撼于仪式的庄严与隆重。

图3-3　身着汉服的国际学生

四、国际学生赴合川考察学习

2017年4月，学校组织30余名国际学生赴重庆市合川区考察学习。在钓鱼城古战场，带队教师向学生们介绍了长达36年的南宋与大蒙古国的生死决战——"钓鱼城之战"（图3-4）。此战不仅成为中外战争史上罕见的以弱胜强的战例，更是中国历史乃至世界历史上的一场具有重大意义的战争。随后，学生们来到了著名的同德福桃片厂，实地考察学习了合川桃片的生产制作过程。在此过程中，桃片厂的老师在现场表演了"盲切"桃片的绝活，引得学生们啧啧称奇。

图3-4　国际学生参观合川钓鱼城

五、中国政府奖学金生赴西安进行文化考察

为使国际学生更深入地了解中国的辉煌历史，四川外国语大学于2018年11月组织20余名中国政府奖学金生前往西安参观考察。学生们参观了气势恢宏的秦始皇陵兵马俑，在了解了秦始皇生平及其为中国统一大业作出的卓越贡献时，也惊叹于两千多年前中国匠人的制作工艺（图3-5）。在美轮美奂的大明宫，学生们仿佛回到了曾经极尽繁华的大唐盛世；在陕西历史博物馆，学生们对照文字介绍，欣赏着各类文物，对中国悠久的历史有了全新的认识；在明城墙上，学生们了解到了古代中国城市的基本构造及格局。

图3-5　中国政府奖学金生参观秦始皇兵马俑

六、孔子学院奖学金生赴遵义交流学习

为使国际学生了解中国共产党的历史，2018年11月，四川外国语大学组织了10余名孔子学院奖学金生赴遵义交流学习。学生们首先来到遵义四中，与遵义四中的学生进行了深入交流。遵义四中的学生在校史馆热情地向孔子学院奖学金生介绍了学校的历史。中外学生互相展示了丰富多彩的才艺，孔子学院奖学金生还向遵义四中的学生赠送了自己制作的剪纸作品。中外学生一起写书法、做游戏，彼此熟悉，相互了解。在遵义会址纪念馆，孔子学院奖学金生参观了遵义会议旧址，在讲解员生动的讲解声中，了解了中国共产党的光辉历程

图3-6　孔子学院奖学金生赴遵义学习

以及"长征"这一世界军事史上的奇迹（图3-6）。

七、外籍师生走进北碚，感受重庆乡村振兴新风貌

2021年6月，学校20余名外籍师生走进重庆市北碚区，亲身体验中国文化。外籍师生在享受重庆美丽田园风光的同时，亲身体验"脱贫攻坚"带来的乡村变化，进一步了解"生态优先""绿色发展"等中国发展理念在乡村振兴实践中的重要作用。

外籍师生们首先来到北碚区王朴中学，与高二年级的40余名学生在学校录播室同上文化交流示范课。示范课上，王朴中学的惠强强老师以"端午节"为例，给大家讲授了中国的传统文化节日，叙利亚籍教授阿萨德以《通过行动去教育》为题给中学生们分享了如何成为祖国和社会的栋梁之材，示范课程吸引了王朴中学全校1800余名师生在线上共同参与。课后，外籍师生们还就如何教授外语以及如何学习外语等大家关心的问题，与王朴中学的师生分组进行了互动交流。此次学习交流，增进了外籍教师们对王朴中学探索独具特色的乡村优质教育发展之路的了解。

随后，外籍师生们参观了位于北碚区静观镇素心村的荣源生物科技公司，饶有兴致地体验了蜡梅精油的提炼过程。在"浅语花园"创意工坊，师生们还实地体验了蜡梅插花技术。重庆匠心培训学校负责人邓纪会女士在指导外籍师生参与体验活动的同时，讲述了她们如何依靠好政策，抓住好契机，发展特色产业，积极脱贫致富的经历。外籍师生们认为，重庆新农村的现代化、产业化发展令人震撼。

在素心村，村委会书记曹萍向外籍师生们介绍了素心村的基本情况，特别详细讲述了村党支部如何贯彻以人民为中心的发展理念，与人民群众共享发展成果，带领乡亲们脱贫攻坚的奋进故事，以及下一步素心村将在乡村振兴过程中继续探索的方向与路径。外籍师生们还参观了素心村蜡梅产业展示馆，其对蜡梅产业带动乡村发生发展大加赞赏。

活动后，外籍师生们深切地感受到乡村群众在党和政府的领导下走上幸福之路的喜悦感和自豪感。大家纷纷表示，中国的青年朝气蓬勃，在与外国人交流的过程中充分体现了自身的文化自信，相信他们能够在未来的乡村振兴和祖国建设中发挥更大的作用（图3-7）。

图3-7　外籍师生体验蜡梅插花艺术

八、国际友人感知巴渝活动之"武隆行"

2022年6月，学校举办国际友人感知巴渝活动，来自美国、德国、泰国、多哥等16个国家的23名外籍师生前往重庆市武隆区体验巴渝文化。

在沧沟乡大田湿地人家，外籍师生们划着小舟在荷花湖中惬意穿梭；在风景如画的湖畔跟着大田古村落太极拳师傅谭克明学习太极拳；在古色古香的豆干工坊体验古法炮制的武隆豆干，饶有兴致地参与推石磨、滤豆浆和卤豆干等活动。

后坪乡天池苗寨，身着苗族传统服饰的苗家儿女早早在寨门等候，他们唱着山歌，端着米酒，欢迎远道而来的外国友人。村史馆里，外籍师生认真聆听讲解员讲解文凤村翻天覆地的变化，见证脱贫攻坚的丰硕成果。外籍师生对当地的蜂蜜、茶叶、米酒等农副产品赞不绝口，纷纷购买当地的扶贫产品。

外籍师生们还参观了浩口乡田家寨参访仡佬族民俗文化博览馆。他们对博览馆中展示的仡佬族传统祭祀用的傩面、丧葬仪式、竹竿舞等内容产生了浓厚的兴趣。

最后，外籍师生们来到了浩口小学蜡染工作室，学习仡佬族传统非物质文化遗产蜡染技艺。2019年，浩口仡佬族蜡染传统制作技艺被列入重庆市第六批市级非物质文化遗产代表性项目名录。为此，浩口小学开设蜡染课程并编写了校本教材，传承非遗文化。浩口乡还成立了蜡染非遗工坊，开发围巾、香包、衣服等二十多种蜡染产品。在浩口小学身着蜡染服饰的"小老师们"的帮助下，外籍师生们在染布上画出自己喜欢的图案，有的图案是自己的生肖，有的图案是自己喜欢的动漫形象，还有的是自己的中文名字。通过上蜡，再涂上天然植物提取的"蓝靛"染料，外籍师生们定制的蜡染作品初见雏形。

活动过程中，外籍师生们深刻地感受了巴渝文化，见证了乡村脱贫攻坚的成果。同时，他们加深了对彼此的了解，增强了对学校的归属感。他们还积极在自己的社交账号分享活动的点点滴滴，让更多的国际友人感受重庆之美（图3-8）。

图3-8　外籍师生体验打糍粑

九、法国籍学生罗曼参加"我眼中的中国——美丽乡村"全球短视频大赛并获特等奖

2021年9月，学校法国籍学生罗曼前往重庆市奉节县拍摄视频《诗城奉节》，并以此参加由中国人民对外友好协会主

办，重庆市人民对外友好协会协办的"我眼中的中国——美丽乡村"全球短视频征集大赛。该视频从全球40余国国际友人投稿的360多部作品中脱颖而出，获得大赛最高奖项——特等奖（图3-9）。

图3-9 "我眼中的中国——美丽乡村"颁奖仪式

罗曼通过视频向大家展示了奉节的风土人情："朝辞白帝彩云间"的白帝城、神奇的海豚湾、山尖上的金风云海、脐橙以及传统技艺与现代科技相结合的香菇酱等。该视频以外国人的视角生动呈现了在"绿色发展引领乡村振兴"理念的指导下奉节可持续发展的新面貌。

十、国际学生"感知中国重庆行"活动

"感知中国"活动是国家留学基金管理委员会打造的品牌活动，旨在通过组织学生参加社会实践、学术交流、志愿服务等，向来华留学生展示真实、立体的中国。2022年，学校申报的以"桥都重庆——桥行千里，心致广大"为主题的"感知中国重庆行"活动获得国家留学基金委批复。

2023年3月，学校组织国际学生在重庆主城及武隆区开展了此次活动。

在学校，学生们聆听了一场精彩的讲座。主讲人黄河老师是一位有着二十多年桥梁拍摄经验的资深摄影"桥痴"。他

循循善诱、娓娓道来，仿佛将大家带到了他所拍摄的众多桥梁照片的现场。他还为大家详细讲述了牛郎织女"鹊桥相会"的故事，深化了学生们对中国文化的认知和理解。在讲座的最后，黄河老师寄语国际学生充当中国与他国文化传播的桥梁。讲座后，黄河老师带领大家前往鹅岭公园，登上瞰胜楼，俯瞰整个重庆，学生们无不感到心旷神怡；漫步石绳桥，抚摸石杆栏饰，学生们无不驻足流连。当汽车载着大家前往最后一站——朝天门长江大桥，黄河老师一路上如数家珍般为大家介绍沿途的大桥，如嘉陵江大桥是重庆主城的首座城市大桥，曾家岩大桥、黄花园嘉陵江大桥等都是重庆颇负盛名的标志性桥梁等，让这次的"渝桥"之旅妙趣横生。大家纷纷感叹"桥都重庆，名不虚传"（图3-10）。

图3-10　国际学生参观武隆"天生三桥"

在武隆，学生们观看了《印象武隆》大型实景歌会。恢宏的气势、绚丽的灯光、极具感染力的表演深深地震撼了每一位在场学子。一个小时的精彩演出使学生们直观地了解了"川江号子"的悠久历史以及独具重庆特色的抬滑竿、火锅等地域文化，切实地感受了巴渝人民坚韧不拔、团结协作、顽强拼搏、乐观豁达的精神品质。在参观了天生三桥后，学生们对天龙桥、青龙桥、黑龙桥三座奇异的石拱桥惊叹不已，纷纷点赞喀斯特地貌的神奇和大自然的鬼斧神工，这让学生们对重庆的"桥都"之誉有了更加深刻的体会，对美丽中国的山水画卷有了更加全面的了解（图3-11）。

图3-11　国际学生登楼俯瞰桥都

十一、国际友人"感知巴渝"长寿行活动

2023年3月11—12日，学校组织20多个国家的40余名外籍师生参加了"感知巴渝"长寿行活动。在长寿区人民政府的精心安排下，师生们实地了解了长寿的城市发展、工业变迁、乡村振兴、文化产业升级等情况，为对外讲好中国故事、重庆故事积累了丰富素材。

在长寿经开区规划建设发展展厅，师生们对经开区打造世界一流园区，建设具有全球影响力新材料高地所取得的成绩赞不绝口；在重庆钢铁股份有限公司，师生们对气势恢宏的现代化码头和重钢百年厂史印象深刻；在中国石化集团重庆川维化工有限公司，师生们对化纤材料的新产品和新用途喷喷称奇；在国际慢城，师生们从万亩柑橘园的丰收景象和保合村村史馆的陈列展品中看到了脱贫攻坚和乡村振兴的巨大成就；在长寿湖，师生们亲身体验了长寿推动生态可持续

图3-12 外籍师生参观长寿区万亩柑橘园

发展，建设世界级运动康养文旅度假区的重要举措和取得的可喜成效（图3-12）。

十二、国际友人"感知巴渝"万州行活动

2023年4月7日，学校17名外籍师生来到重庆市教育委员会帮扶集团乡村振兴重点帮扶的万州区恒合土家族乡，从民俗文化交流、文旅产业发展、高标准农田建设、民族中心小学鹿鸣书院建设等多元角度考察调研，感知巴渝大地的深厚历史、独特文化和时代新貌。

4月6日晚，喜庆的土家莲萧《高粱杆节节甜》拉开中外联谊的序幕，一开始就把欢乐友好的气氛点燃。紧接着，缅甸教师龙威用中缅双语演唱的歌曲《童话》迎来了一阵欢呼和掌声。然后，美国的外教玄易风带来自创朗诵表演《土家族风土人情》，当地村民蒲晓政表演了土家歌曲《摔三碗》，葡萄牙外教毛贝贝的小魔术、村民谯乾树等演唱的《哈格呀》、俄罗斯的留学生丽安生的诗歌朗诵《致橡树》等节目不断上演，国际友人与土家儿女的欢声笑语响彻山谷。"那一刻，我有种亲如一家的感觉。"不止一位在场的外籍人士和当地村民发出这样的感慨。

节目进行到一半时，两位中外主持人邀请川外领导和老师上台即兴表演节目。重庆市教育委员会派驻恒合乡驻乡工

作队长、四川外国语大学副校长严功军用俄语演唱了《莫斯科郊外的晚上》，来自俄罗斯等国的留学生在友好的气氛中上台合唱，四川外国语大学国际合作与交流处副处长朱天祥演唱了意大利歌曲《我的太阳》。随后，来自吉尔吉斯斯坦、卢旺达、日本的留学生用尤克里里弹奏并演唱了歌曲《朋友》。这些节目不断引来现场观众的跟唱，现场营造出一片和谐共生、美美与共的友好氛围。

点燃一堆篝火，驱散了1300多米高山上的寒冷，温暖了主人和客人的心。外籍师生换上土家族服装，与乡民一起手拉着手，围着圈，跳起了土家舞蹈——摆手舞。音乐一转一跳，双手一散一合，火光在笑脸上晃动，夜晚的山谷变成了欢乐的海洋。最后，高亢的唢呐声一响，外籍师生进入恒合乡的第一晚联欢演出在齐声合唱的《云上恒合》中落下帷幕。

6月7日一早，17名外籍师生在恒合乡乡村振兴工作队副队长王茂良的带领下，开始了对恒合乡自然风景、人文历史和经济发展的考察调研。

在枫木村，一行人在万州恒合与湖北利川的交界处体验了"一脚踏两省"的奇特经历，登上海拔1400米的鹿鸣垭垭口看到守护这方水土的巴蜀关；在水口村的星空观景平台，外籍师生们听了恒合乡守护神的古老传说，纵览了快速建设中的高标准农田；走进恒合民族中心小学，正赶上学生们的课间活动，打莲湘、跳竹竿、接力跑、斗鸡、摆手舞等活动丰富多彩，令人应接不暇，外籍师生忍不住参与其中；学校重点建设的鹿鸣书院内，精心设计的《诗经》文化墙，三间舞蹈、刺绣、古筝活动室都吸引着外籍师生们的目光。直到"各位师生，由于时间关系，请大家抓紧时间来门口集合"的喇叭声传来，流连忘返的外籍友人才离开书声琅琅的教室。来自吉尔吉斯斯坦的金淑贤微笑着说："我打算留在重庆，留在中国，因为我很喜欢中国文化，很喜欢中国人的性格。"

一进入农文旅融合发展的示范村八一村，外籍师生们便欢快地直奔开满油菜花的田野；在入选中国美丽休闲乡村的石坪村，大家到村民王春夫妇种植的22亩草莓基地摘草莓。

捷克外籍教师潘淑娜赞美道："这里的风景非常漂亮。即使天气不太好，但所见所闻依然让我很开心。"卢旺达留学生文彬说："我要把这里的一切拍给我家乡的弟弟妹妹们看。"

重庆市教育帮扶集团驻万州区恒合乡乡村振兴工作队队长严功军表示，今天的"感知巴渝"万州行活动可以让国际友人通过走进美丽乡村，真切体会中国乡村的变化，让其在与乡村的接触和人的交流中喜欢中国，"这种研学方式是文化、文明交流互鉴的一种良好模式，把所见所闻和真实感受传播出去，既可以使其在中国的学习更接地气、更有效果，也可以通过他们向世界讲中国故事，进行国际化传播。（图3-13）"

图3-13 外籍师生体验"一脚踏两省"

十三、孔子学院冬/夏令营活动

孔子学院冬/夏令营活动由教育部中外语言合作交流中心

发起并主办，旨在选拔一批优秀的国外汉语学习者来华进行为期2～3周的交流学习活动。

2016—2019年，四川外国语大学先后承办了4次多哥洛美大学孔子学院夏令营活动、4次俄罗斯下诺夫哥罗德国立语言大学孔子学院夏令营活动、2次美国西佛罗里达大学孔子学院夏令营活动及2次日本立命馆大学孔子学院冬令营活动。

孔子学院冬/夏令营活动一般分为语言学习、中外学生交流、中华传统才学校艺体验学习、文化考察等（图3-14—图3-17）。

图3-14 多哥洛美大学孔子学院学生体验舞龙艺术

图3-15 多哥洛美大学孔子学院学生学习中国画

图3-16 俄罗斯下诺夫哥罗德国立语言大学孔子学院学生拜谒苏联将军墓

图3-17 美国西佛罗里达大学孔子学院学生参观飞虎队陈列馆

1.语言学习

四川外国语大学针对冬/夏令营活动学习时间短而集中的特点，专门制订了详细的汉语教学计划，为不同国家、不同水平的学生购买相应的教材，安排教学经验丰富、年富力强的教师授课，将授课重点定位为实用汉语，使学生来之能学，学之即用。针对部分汉语基础薄弱的学生，学校还充分发挥外国语大学的多语种优势，邀请学习该国语种的中国学生担任助教，指导并帮助国际学生提升汉语水平。

2.中外学生交流

四川外国语大学为每个冬/夏令营活动团组安排了中外学生交流活动。在2017年举办的美国西佛罗里达大学孔子学院夏令营活动中，学校将特色非遗项目——金钱板融入交流活动，向学生们展示了我国优秀的传统文化艺术。活动结束后，学生们还饶有兴致地向中国学生请教了金钱板的打法。

3.中华传统才艺体验学习

除语言课程外，学校还专门开设了书法、剪纸、中国结、太极拳等传统中华才艺体验课程。学生们通过学习其历史渊源，进一步了解了中国传统文化的内涵。

4.文化考察

为了使国际学生更全面地了解中国、了解重庆，学校还在冬/夏令营活动中安排了丰富多样的文化考察子活动。比如，组织学生们参观磁器口古镇、三峡博物馆、大足石刻、安居古城等，带领学生们体验重庆火锅及其他重庆特色小吃。

04

第四章

文化融通力与中外学生的『全球抱负』

"天下大同"是中华传统文化对最高社会理想的一种经典描述，"它代表着人类最终可达到的理想世界，是人们对未来的美好憧憬"。其中，"天下"一词在其核心内涵上与当今世界无异，体现了中华民族自古以来的全球情怀。[①]但这里的"大同"并非意味着绝对的趋同化和统一化。相反，"中华优秀传统文化崇尚'和而不同''海纳百川'，在人际关系中我们主张'己所不欲，勿施于人'，在国际关系中我们主张'美美与共，天下大同'"。[②]正如习近平总书记所说，"人类是一个整体，地球是一个家园。面对共同挑战，任何人任何国家都无法独善其身。人类只有和衷共济、和合共生，朝着构建人类命运共同体方向不断迈进，共同创造更加美好未来"。"推动构建人类命运共同体，不是以一种制度代替另一种制度，不是以一种文明代替另一种文明，而是不同社会制度、不同意识形态、不同历史文化、不同发

① 秦树景：《从天下大同到人类命运共同体》，人民网，访问时间：2018年11月14日。

② 孙琳、姜贵东：《天下一家和而不同——黄平谈共建人类命运共同体：天下一家，和而不同！》，《人民政协报》2022年3月5日第9版。

展水平的国家在国际事务中利益共生、权力共享、责任共担，形成共建美好世界的最大公约数"。③

③ 习近平：《在中华人民共和国恢复联合国合法席位50周年纪念会议上的讲话》，中国政府网。访问时间：2021年10月25日。

文化融通力释义

　　自古以来，文明之间的互动从来就没有受到地理因素的绝对限制，即使这种交流的范围和规模不及当今的全球化时代。当然，过去的文化交流多少带有一些倚强凌弱的自我中心主义色彩。尤其是近几百年来，西方文化强势崛起并随着殖民主义浪潮大量地传播到其他文明中。但在费孝通看来，"文化交流是双向的，在西方文化快速传播的同时，西方社会也大量汲取了其他文明的文化，而且这种文化上的交融，每时每刻都在发生。这些被吸收的'异文化'，经过'消化''改造'之后，成了各自文明中新的、属于自己的内容，并从宗教、政治和意识形态等方面反映出来。可以说，今天世界上不同文明之间已经是'你中有我，我中有你'。今日之世界文明，已非昔日历史文献、经典书籍中所描绘的那种'纯粹'的传统文明了。因此，我们必须改变过去概念化的、抽象的、刻板的思维方式，以一种动态的、综合的、多层面的眼光，看待当今世界上不同文化和文明之间的关系。"[1]

　　一方面，这说明文化之间具有融通的可

① 费孝通：《"美美与共"和人类文明》，搜狐网，访问时间：2005年5月27日。

能性与可行性。比如佛教传入中国后与儒家和道家学说的相互吸收融合；"西学东渐"时期中国先进知识分子提出的各种救亡图存的社会变革理论；马克思主义在各个历史时期的中国化先后形成的毛泽东思想、邓小平理论、"三个代表"重要思想、科学发展观、习近平新时代中国特色社会主义思想，也都是中国共产党人为解决文明的核心问题而提出的中国方案。[1]需要注意的是，在文化融通的历史长河中，有些在动机上是主动的，有些则是被动的；有些在方式上是平等的，有些则是不平等的；有些在结果上是对称的，有些则是不对称的。而我们赞成的融通应当是在保持各自文化独立性和多样性的前提下所不断追求且逐步实现的更好的共生共存。

① 董欣洁：《中外文明交流互鉴与文明发展》，中国社会科学网，访问时间：2022年6月13日。

另一方面，这说明文化之间具有融通的必要性和重要性。在当今世界，"各国相互联系、相互依存的程度空前加深，人类生活在同一个地球村里，生活在历史和现实交汇的同一个时空里，越来越成为你中有我、我中有你的命运共同体"。[2]但与此同时，"一些人抱持'文明冲突论''文明优越论'，甚至想改造其他文明。这实际上是对不同文明、不同意识形态的一种无知和偏见，结果不但不会促进人类文明进步，反而会留下无数混乱"。[3]因此，不同文化之间确有必要进行平等的对话与交流，求大同存小异，相互借鉴，共同繁荣。

② 习近平：《顺应时代前进潮流 促进世界和平发展——在莫斯科国际关系学院的演讲》，人民网，访问时间：2013年3月23日。

③ 刘梁剑：《弘扬平等互鉴对话包容的文明观》，《人民日报》2022年7月28日第11版。

党的十八大以来，习近平总书记先后多

次就文明交流互鉴阐述重要看法和中国主张。首先，文明是多彩的，人类文明因多样才有交流互鉴的价值。2015年9月28日，习近平总书记在第七十届联合国大会一般性辩论时指出，"人类文明多样性赋予这个世界姹紫嫣红的色彩，多样带来交流，交流孕育融合，融合产生进步"；其次，文明是平等的，人类文明因平等才有交流互鉴的前提。2014年6月5日，习近平总书记在中国—阿拉伯国家合作论坛第六届部长级会议开幕上强调，"人类文明没有高低优劣之分，因为平等交流而变得丰富多彩，正所谓'五色交辉，相得益彰；八音合奏，终和且平'"；最后，文明是包容的，人类文明因包容才有交流互鉴的动力。2018年11月17日，习近平总书记在亚太经合组织工商领导人峰会上呼吁，"不同文明、制度、道路的多样性及交流互鉴可以为人类社会进步提供强大动力""我们应该少一点傲慢和偏见、多一些尊重和包容，拥抱世界的丰富多样，努力做到求同存异、取长补短，谋求和谐共处、合作共赢"。①

① 《习近平谈推动文明交流互鉴》，求是网，访问时间：2019年11月22日。

对于青年学生，习近平总书记尤为关注他们的成长成才，多次就做好新时代青年工作指明前进方向。2021年4月19日，习近平总书记在清华大学考察时就曾强调，"广大青年要肩负历史使命，坚定前进信心，立大志、明大德、成大才、担大任，努力成为堪当民族复兴重任的时代新人，让青春在为祖国、为民族、为人民、为人类的不懈奋斗中绽放绚丽之花"。②同年8月10日，习近平总书记在给"国际青年领袖对话"项目外籍青

② 《让青春在奉献中焕发绚丽光彩——习近平总书记关于青年工作重要论述综述》，《人民日报》2021年5月4日第1版。

年代表回信时进一步指出，"希望中外青年在互学互鉴中增进了解、收获友谊、共同成长，为推动构建人类命运共同体贡献青春力量"。①这为高校深入推进多元文化育人，持续推动中外人文交流提供了根本遵循。

① 《习近平给"国际青年领袖对话"项目外籍青年代表的回信》，《人民日报》2021年8月12日第1版。

本书认为，高校青年学生要想成为促成文化交流互鉴，共同存续繁荣的使者，就应当具备一定甚至是相当的"文化融通力"。总的来讲，它指的是中外学生践行文化交流、文化互鉴、文化融合的一种综合能力。具体而言，它包括文化融通的认知力、执行力、意志力三个维度。其中，认知力要求中外学生能够全面且深入地意识到文化融通的重要性和必要性，这是文化融通的基本前提；执行力要求中外学生能够知晓文化融通的基本方式、路径、载体、手段等相关内容，这是文化融通的必备支撑；意志力要求中外学生能够坦诚应对文化融通过程中的摩擦与矛盾，并能持之以恒地将文化融通践行到底，这是文化融通的重要保障。上述三种能力共同构成文化融通力的不同支柱，并在相互支撑和相互协调的作用机制下支持和确保文化互鉴与融合的顺利完成。

涉外志愿服务与文化融通感悟

　　志愿服务是公民个人基于道义、信念、良知、爱心和责任，利用自己的时间、技能、资源、善心为他人、社区和社会提供的一种公益性服务。四川外国语大学充分利用多语种跨学科优势，致力于培养一批能够为重庆市重要的外事及对外交往活动提供涉外志愿服务的专业化学生团队，并通过参与涉外志愿服务活动，让学生亲身体验多元文化氛围，鼓励他们运用所学的多元文化知识和技能，在实践中促进和推动多元文化交流与互鉴。

　　2011年11月，学校选拔49名学生与其他高校的志愿者们齐聚中国（重庆）园博园，参加第八届中国（重庆）国际园林博览会志愿者服务。志愿者是校团委在全校各院系几百名申报者中层层选拔、脱颖而出的佼佼者，全部为核心志愿者，占全校核心志愿者总数的60%左右。他们主要承担国际馆的语言类核心志愿者工作，涉及英、法、德、俄、日、朝鲜、西班牙、阿拉伯、意大利等多语种志愿服务。在历时3个月的培训中，他们一边准备繁重的专业学习考试，一边准备园博园国际馆的各项接待服务工作，包括熟悉路线、背熟讲稿、训练站姿、团队协作训练等，成为四川外国语大学在重庆园博园的一道靓丽风景线（图4-1）。

图4-1　学校志愿者合影

2013年7月2—4日，由中华人民共和国外交部、重庆市人民政府联合举办的中国—中东欧国家地方领导人会议·重庆2013（以下简称"中东欧会议"）在重庆国际会议展览中心隆重举行。根据中东欧会议组委会的统一安排，重庆市青年志愿者协会、重庆市志愿服务工作指导中心面向社会公开招募215名青年志愿者在会议期间开展翻译、讲解咨询、道路指引、政务接待等志愿服务工作。累计提供志愿服务近13000人次，服务时间超过2万小时，接送嘉宾1464人次，搬运行李930余件，引领咨询5000人次，整理、发放资料5万余份。四川外国语大学志愿者们凭借宽广的国际视野、突出的交流才能、积极的创新精神，为会议的顺利召开提供了优质的服务。会后，重庆市青年志愿者协会决定对64名优秀志愿者进行通报表彰。其中，四川外国语大学学子占比超过4成（表4-1）。

表4-1 中国—中东欧国家地方领导人会议·重庆2013优秀志愿者名单
（四川外国语大学）

王琴（女）	四川外国语大学研究生部2012级外国语言学及应用语言学专业研究生
王若丁（女）	四川外国语大学研究生部2011级比较文学与世界文学专业研究生
王林佳	四川外国语大学商务英语学院2010级商务英语专业学生
王嘉琦	四川外国语大学研究生部2011级英语语言文学专业研究生
毛娇（女）	四川外国语大学国际关系学院国际政治专业学生
代欣芸（女）	四川外国语大学英语学院2010级英语专业（翻译方向）学生
任伊乐	四川外国语大学翻译学院2012级德语口译专业学生
刘鉴峤	四川外国语大学中文系2010级对外汉语专业学生
李利（女）	四川外国语大学应用外语学院2010级应用英语（国际经贸方向）专业学生
李杰（女）	四川外国语大学应用外语学院2010级应用英语（国际经贸方向）专业学生
李烨熙	四川外国语大学国际商学院2010级人力资源管理专业学生
李鼎峰	四川外国语大学国际关系学院2010级英语（国际关系）专业学生
张显（女）	四川外国语大学国际关系学院2010级外交学专业学生
张金梅（女）	四川外国语大学研究生部2011级英语语言文学专业研究生
武婷婷（女）	四川外国语大学西班牙语系2010级西班牙语专业学生
林莹（女）	四川外国语大学研究生部2011英语语言文学研究生

王琴（女）	四川外国语大学研究生部2012级外国语言学及应用语言学专业研究生
赵丹衍（女）	四川外国语大学英语学院2010级英语（翻译方向）专业学生
胡倩（女）	四川外国语大学研究生部2011级英语语言文学英语（教学理论与实践方向）专业研究生
是远（女）	四川外国语大学新闻传播学院2010级新闻学（国际新闻方向）专业学生
贾代春（女）	四川外国语大学翻译学院2010级翻译专业学生
徐洁（女）	四川外国语大学研究生部2012级比较文学与世界文学专业研究生
徐晓兰（女）	四川外国语大学国际关系学院2010级英语专业学生
郭萌（女）	四川外国语大学西班牙语系2011级西班牙语专业学生
浦潇续（女）	四川外国语大学研究生部2012级英语教学理论与实践专业研究生
韩知君（女）	四川外国语大学英语学院2010级英语（翻译方向）专业学生
谢如颖（女）	四川外国语大学国际关系学院2011级英语（外事管理方向）专业学生
魏晓艳（女）	四川外国语大学研究生部2012级英美文学方向研究生

　　获得"优秀志愿者"称号的武婷婷同学说："回想作为会议志愿者的一周多时间，我们收获了许多、体会了许多、成长了许多。用'机动灵活、团队协作'这八个字来形容我们的志愿服务最合适不过了。就我所在的新闻组来说，我们主要负责中外媒体记者联络、签到、工作协调、餐饮保障，设立短信平台，向外发送新闻发布会的第一手信息，我们还需

要与外侨办的领导进行各类新闻稿件的整理，最终保证会议新闻中心的各项工作正常运行。我深知，一滴水，只有汇入大海才能永不干涸；一个人，只有融入社会才能彰显自我价值。岁月留给我们的不仅是成长的足迹，更宝贵的还是一种精神的凝练！"

2019年5月13日，上海合作组织地方领导人会晤志愿者上岗誓师大会在四川外国语大学举行。重庆市政府外事办公室、重庆市志愿服务工作指导中心、四川外国语大学团委、重庆市沙坪坝区团委有关负责同志，以及志愿者共计120余人参加会议。来自四川外国语大学的80名志愿者涉及英语、俄语、日语、法语、西班牙语等多个语种专业的学生，主要负责大会的综合会务、礼宾翻译、内外宾接待、新闻宣传等志愿服务工作。正如时任党委副书记张艳指出的那样，四川外国语大学服务重庆对外开放，志愿者就是其中一张亮丽的名片。近年来，四川外国语大学参与的涉外志愿者服务越来越多，这对学校来说既是机遇也是挑战。在参与志愿服务时，四川外国语大学的志愿者们要充分发扬"川外精神"，严守纪律，服务热情周到，充分展示四川外国语大学学子的青春风采。

图4-2　上海合作组织地方领导人会晤志愿者上岗誓师大会合影

2019年11月4日至5日，由中华人民共和国商务部、中国人民银行、中国银保监会、中国证监会、国家外汇管理局和新加坡贸易与工业部、新加坡金融管理局及重庆市人民政府共同主办的2019中新（重庆）战略性互联互通示范项目金融峰会（简称"2019中新金融峰会"）在重庆开幕。经过推荐、资格审查、面试选拔等环节，四川外国语大学共招募了80余名志愿者，涉及英语、西班牙语、法语、泰语等语种专业的学生。志愿者们延续和发扬学校涉外志愿服务的优势与传统，用充分的担当、真诚的微笑、优秀的服务和专业的语言展现了四川外国语大学学子良好的精神风貌和高超的能力素养，最终不辱使命，圆满完成各项志愿服务工作任务。嘉宾邀请组的曾浪杰同学说："我的工作是为文莱金融管理局执行总监一行人做陪同翻译。峰会召开前，我便查阅了许多文莱的文化背景，希望可以为其提供更好的服务。当嘉宾临行前对我竖起大拇指时，我感觉所有的辛苦都是值得的。"（图4-3）

图4-3　"2019中新金融峰会"部分志愿者合影

　　2019年11月9日，重庆英才大会在重庆悦来国际会议中心开幕。本次会议由中共重庆市委、重庆市人民政府主办，是重庆市高规格的国际性招才引智盛会。大会以"聚集海内外英才·聚力高质量发展"为主题，邀请了国际知名专家、院士、知名大学校长等嘉宾，聚集了各类人才。四川外国语大学为此招募了33名志愿者，涉及英语、德语、日语、俄语等语种专业的学生。志愿者们在开闭幕式、"中外知名大学校长圆桌会""两江新区专场推介洽谈会""城乡融合发展学术报告会"等活动中，认真工作、热情奉献，再次展现了四川外国语大学学子良好的精神风貌和文化素养，赢得了参会嘉宾以及主办方的一致赞誉。贺钰岚同学是陪同诺贝尔经济学奖得主罗伯特·莫顿（Robert Merton）的志愿者。为了让罗伯特先生进一步了解中国和重庆，她给罗伯特先生手写了一封长信，希望通过自己的青春力量，向外宾讲述更多的中国故事和重庆故事。临别时，罗伯特先生表示重庆是一个很有潜力、很让人期待的城市，他非常感谢贺钰岚的热情服务，给他留下了难忘的重庆记忆，并送给她一支笔作为纪念。

2019年12月18日至20日，由中国人民外交学会主办、重庆市政府承办、中华人民共和国外交部协办的亚洲相互协作与信任措施会议非政府论坛第三次会议在渝举行。建立亚洲相互协作与信任措施会议非政府论坛是习近平总书记在2014年上海举办的亚洲相互协作与信任措施会议上提出的重要倡议，旨在建立亚洲相互协作与信任措施会议各方民间交流网络，为广泛传播亚洲相互协作与信任措施会议安全理念、提升亚洲相互协作与信任措施会议影响力、推进地区安全治理奠定坚实社会基础。为了给本次会议提供高规格的志愿服务，四川外国语大学招募了61名志愿者，涉及英语、俄语等语种专业的学生。志愿者们继续发扬"守则、求实、开放、包容"的"川外精神"，用自身良好的外语专业素养、饱满的工作热情赢得了活动主办方和外宾的一致好评，圆满完成了各项工作任务。蒋筱纤同学说："从16日起，我们便开始了紧张的接机服务，几乎每天都要工作到凌晨。但是，每当听到来宾说'China is a great country！'时，心中就顿时感到特别的自豪。"杨柳同学说："我的工作是为阿塞拜疆驻华大使做俄语陪同翻译。尽管每天都是早出晚归，但想起大使给我们志愿者点赞、对我的俄语水平给予肯定时，我就觉得我的付出都是值得的"。

2020年9月15日至17日，2020线上中国国际智能产业博览会（简称"2020线上智博会"）在重庆举行。本届智博会由我国工业和信息化部、国家发展和改革委员会、科技部、国家网信办、中国科学院、中国工程院、中国科学技术协会、新加坡贸易和工业部与重庆市人民政府共同主办。四川外国语大学共招募48名志愿者，涉及英语、日语、法语、韩语等语种专业的学生，分别在峰会组、活动论坛组、新闻宣传组等多个组别，以及重庆市委宣传部、重庆市人民政府外事办公室（以下简称"重庆市政府外办"）、重庆市商务委员会等部门协助开展智博会相关工作。早在8月31日，学校选拔的英语、法语、韩语专业的学生志愿者就已正式赴重庆市政府外办到岗服务，协助工作人员开展外宾联络、邮件翻译、资料整理等工作。李雨桐同学是第二次参加智博会志愿服务，从峰会组到重庆市外办，面对新的任务、新的环境、新的挑战，她期待满满。她表示："在工作中，我将专业知识和社会实践相结合，尽己所能，为智博会的圆满召开贡献自己的志愿力量。"也正如她所言，青年志愿者们用最优语言、最美微笑、最佳服务，充分展现了四川外国语大学学子、重庆青年的良好形象，圆满完成了本次志愿服务。

2020年11月23—24日，中新（重庆）战略性互联互通示范项目金融峰会采取"线上+线下"方式在重庆举办。该峰会由中华人民共和国商务部、中国人民银行、中国银行保险监督管理委员会、中国证券监督管理委员会、国家外汇管理局、新加坡贸易与工业部、新加坡金融管理局以及重庆市人民政府共同主办，是中国西部地区与东盟国家金融行业常态化国际交流平台。四川外国语大学选派的52名青年志愿者主要服务于重要嘉宾邀请组、宣传推广组等组别。志愿者们用真诚的服务、负责任的态度、优良的素质圆满完成了本次志愿服务，展现了新时代四川外国语大学学子、重庆青年的良好形象。参与会务组志愿服务的舒韵静同学说："能够亲眼见证如此正式的国际级峰会的开展，我感到深深的震撼和自豪，并从中学到了许多，明白了做志愿者的深层意义——不仅仅是在服务他人，更是在收获自己。志愿者的工作看起来是普通而平凡的，但却是会议顺利举行必不可少的一部分，尽管在此过程中遇到了一些困难，但我不断学习和调整，充分融入了本次活动，得到了锻炼和成长"。

2020年11月27—30日，第十八届中国国际农产品交易会暨第二十届中国西部（重庆）国际农产品交易会在重庆国际博览中心举行。本届农产品交易会由我国农业农村部和重庆市人民政府共同主办。四川外国语大学选派的45名多语种专业的学生志愿者神采奕奕、朝气蓬勃，在平凡的岗位上坚守初心，用热情温暖寒冬、用青春书写责任、用微笑添彩赛会，展现了新时代四川外国语大学青年的风采与朝气。解说组志愿者段泓娜同学说："由于时间紧，我们上午拿到解说稿，下午就要脱稿试讲，这对我来说是一个极大的挑战。通过不断面对镜子反复练习，在举办农产品交易会的第一天，我能够流利自然地向嘉宾介绍农业政策、重庆市情、农产品交易会概况等。这次服务经历进一步提升了我的勇气和自信，增进了我对重庆市情的了解，深化了我对国家制度的认识，让我更有底气、实力去迎新挑战"。

2021年5月20—23日，第三届中国西部国际投资贸易洽谈会在重庆国际博览中心举行。本届西部国际投资贸易洽谈会由中华人民共和国商务部、水利部、国务院国资委、侨联、国际贸易促进委员会、重庆市人民政府共同主办。四川外国语大学共招募了70名志愿者，参与展览组、活动组、接待组等多个组别的服务工作，并协助重庆市商务委外经处、重庆市会展服务中心、重庆市国际传播中心、重庆市政府外办欧非处等单位举办"跨国经营高质量发展论坛""中国（重庆）新能源智能汽车产业峰会""2021亚洲企业大会""重庆—阿尔及利亚经贸合作推介会"等活动。志愿者王梓舟同学说："在一场会议上，我为外交人员Bruno Lucas先生提供了引导服务，并热情地把自己的移动电源借给他，为他的手机充电。我用我的热情缓解了他的烦躁，半小时后他找到我归还我的移动电源时，高兴地说了句'Thank you'。志愿服务，能看到自

图4-4　中国（重庆）新能源智能汽车产业论坛志愿者合影

己的服务带给他人更美好的一天，的确也会使自己愉悦。志愿服务很辛苦，但又很美妙，因为我能看到很多平时自己看不到的东西，能够培养自己的服务意识。"（图4-4）

2021年11月24—25日，由中华人民共和国商务部、中国人民银行、中国银保监会、中国证监会、中华人民共和国国家外汇管理局和新加坡贸易和工业部、新加坡金融管理局及重庆市政府共同主办的2021中新（重庆）战略性互联互通示范项目金融峰会成功举办。作为此次峰会的唯一志愿者招募高校，四川外国语大学依托多语言青年志愿服务中心，从英语学院、翻译学院、商务英语学院选拔了40名多语言青年志愿者在重庆悦来国际会议中心、温德姆酒店、江北国际机场等地为来宾提供注册签到、接待指引及多语言咨询服务。志愿者们用真诚的服务、负责的态度、青春的朝气为峰会提供了安全、高效、热情、周到的服务，用实际行动践行了志愿精神，展现了新时代四川外国语大学学子的良好形象。

对于四川外国语大学青年学生的志愿服务，众多主办单位先后发来感谢信，高度评价学生扎实的外语基础和综合的跨文化交际能力，充分肯定学校的国际化人才培养理念与模式，衷心感谢志愿者们在服务国家对外开放战略和地方经济社会发展过程中作出的重要贡献，同时热切期待学校未来培养更多更优秀的国际化人才。除了会议服务，四川外国语大学志愿者还在其他场合发挥不可或缺的作用。比如，2021年6月7—8日，纪念中国—东盟建立对话关系30周年特别外长会和澜湄合作第六次外长会在重庆举办。6月6日，四川外国语大学学生刘寅楚、蒲劲帆、刘力源配合重庆市政府外办执行江北国际机场联检区翻译任务。会后，重庆市政府外办在感谢信中提到，3位同学不惧疫情风险，克服不利工作条件，身着防护服连续工作10余小时，为14个外宾代表团及机组人员提供了高质量的翻译服务，确保各代表团有序快速入境，充分展现

图4-5　学校志愿者参加第十四届"Happy Move"全球青年志愿活动时与韩国志愿者合影

了重庆外事工作的良好形象（图4-5）。

　　鉴于四川外国语大学在涉外志愿服务领域的前期基础、丰富经验、良好口碑，重庆团市委与学校签订了组建重庆市多语言赛会志愿者总队的合作协议。该总队致力于利用四川外国语大学的涉外资源服务优势资源和多语种平台，为今后重庆各项重大外事活动培养常备志愿者队伍，通过发挥川外的引领和指导作用，推动重庆市的涉外志愿服务在规模和亮点上都更上一层楼。此举也有利于更多的四川外国语大学以及其他市内高校青年大学生参与多元文化互动和中外人文交流，提升学生的自我国际素养，为重庆市的对外开放和中西部国际交往中心城市建设贡献更大的青春力量。

国际文化节与文化融通实践

　　2020年12月14日，四川外国语大学举行外事暨港澳台工作总结会议。学校党委书记邹渝指出，此次会议是站在总结"十三五"，开启"十四五"的关键点来思考谋划学校国际化战略的重要会议，同时也是以营造学校国际化氛围、扩大国际化影响、提升国际化水平为目的的会议。就学校的国际化氛围而言，会议总结了现实存在的问题、过去积累的经验，以及未来工作的方向。大家一致认为，国际化氛围是一所外国语大学应有的亮点，应当成为下一步学校系统推进国际化深入发展的重要工作之一。这也成了2021年国际合作与交流处的重点任务。

　　2021年上半年，重庆市教育委员会和重庆市财政局联合下发关于申报重庆市国际化特色高校和特色项目的通知。四川外国语大学对此高度重视，组建了以校领导为组长，相关职能部门和二级学院领导为成员的工作专班。经过不懈努力，学校最终获批重庆市国际化特色高校建设单位。四川外国语大学建设国际化特色高校的核心内容是"四维一体"，即人才培养、平台搭建、智库建设、社会服务。其中，在打造多语种跨文化服务基地建设方面，学校提出要积极践行服务社会的理念和承诺，充分发挥外国语大学的多语种、跨文化优势，为企事业单位、社会组织、个人参与国际科技合作、跨文化交际提供全方位、精准化、高品质的服务，并通过举办"国际文化节""暑期夏令营""外国友人感知巴渝""中外人文交流论坛"等活动，积极营造校园国际化氛围，在推动区域中外人文交流方面扮演着引领角色。

在此背景下，为了逐步打造在全市具有一定特色品牌效应的国际文化交流活动，进而为学校培养国际化人才，为促进中外人文交流提供良好的环境和优质的平台，学校于2021年年底在校内举办国际文化节。本次国际文化节由学校国际合作与交流处、团委主办，法语学院团总支承办。活动主题为"'一带一路'文明互鉴：多语共生，多元共融"。活动形式主要是通过展览营造学校语种多样、文化多元的国际化氛围。各参展学院需结合自身专业特色，围绕相应国家的地理、饮食、习俗、文化、艺术、科学成就、产业发展等选择一个主题，进行图文、影音、表演、现场教授、游戏等形式进行展示和讲解。

整个活动设有主舞台表演区，用于多元文化展演，同时设有国别文化展区和特色展区。其中，国别文化展区主要由各外语专业展示各对象国文化，而特色展区主要为非语言类专业提供展示国际化特色人才培养的实践与成果，包括国际组织人才、国际传播人才等。为了进一步体现多元文化的特点，学校还邀请在校外籍教师和国际学生依据其国别加入特定展区，参与策划特定展区的文化呈现方案，并在现场与其他国家的师生进行互动交流。在此过程中，各学院的中外师生积极联动，集思广益，充分运用所学知识，在理论与实践的交互中，致力于将各民族最优秀、最具特色的文化呈现给全校师生。

12月3—4日，四川外国语大学2021年国际文化节在西区风雨操场成功举办。来自加拿大、白俄罗斯、匈牙利、柬埔寨等国驻渝领事馆的国际友人、重庆市各级领导以及各界嘉宾莅临现场。校长董洪川在致辞中指出，国际文化节是汇聚国际智慧、国际力量、国际交往的重要载体，高等教育在日新月异的全球化背景下，理应以更加开放的姿态服务民族国家和人类命运共同体。四川外国语大学作为国家最早设立的四所外语专业高等院校之一，坚持创新"外语＋"人才培养模式，将以国际文化节为重要载体，努力办成重庆内陆开放、川外走向世界的特色品牌，为服务"一带一路"教育对外开放，服务中西部国际交往中心建设作出应有的贡献。

重庆市教育委员会一级巡视员邓睿表示，本届国际文化节的举办，既有助于四川外国语大学依托多语种优势活跃校园国际化氛围，又有利于探索在全市范围内打造面向更多受众、具有外国语大学特色的国际文化交流活动，在扎实推动重庆市国际化人文特色高校建设、切实加强与共建"一带一路"国家间的文化交流与互学互鉴方面具有重要意义。在重庆加快建设中西部国际交往中心的背景下，四川外国语大学应继续发挥多语种优势与多元化人文环境优势，为重庆对外开放发展提供强有力的智力支撑与人才保障，在推动重庆对外开放高质量发展上作出更大贡献。重庆市团市委副书记黄永宜表示，"国际文化节"品牌的持续建设，必将以其良好的示范作用，推动重庆开放性与国际性城市形象的展示，为提高国家文化软实力和中华文化形象力贡献青春力量。此外，白俄罗斯驻重庆领事馆总领事叶·德米特里也认为，本届国际文化节的顺利举办是四川外国语大学开放和国际化的有力证明。他希望与四川外国语大学继续加强文化交流，积极开辟友好合作新境界。

本次国际文化节共设置31个展区，涵盖中国、俄罗斯、德国、泰国等27个国家的文化展区，4个特色展区。各展区从地理环境到饮食习俗，从艺术文化到科技产业，或图文影音，或现场讲解，或游戏互动，内容与形式兼具，趣味性与互动性并举。琳琅满目的当地美食与特色文化吸引了不少中外师生和嘉宾，他们徜徉在各展台间，感受来自全球各地的独特味道，品味源于不同民族的旖旎风情（表4-2）。

表4-2　四川外国语大学2021年国际文化节展区内容一览表

序号	参展学院	语种	主舞台展区	国别文化展区	特色展区
1	法语学院	法语	法国香榭丽舍大街生活场景，配合法语歌曲表演	结合红酒协会参加国际比赛的情况，进行法国红酒与法餐简介、体验	
2	新闻传播学院	中文英语			重庆青年电影展优秀作品展演，我们将放映第八届重庆青年电影展国际传播计划短片以及获奖作品展播，旨在推动国际交流、鼓励青年电影人更好地表达自我、参与艺术创作，助力高品质电影的发展及推广

续表

序号	参展学院	语种	主舞台展区	国别文化展区	特色展区
3	中国语言文化学院	中文	汉服秀：岂曰无衣，与子同袍。中国素有"衣冠上国，礼仪之邦"之美称，《左传·定公十年》有云："中国有礼仪之大，故称夏，有服章之美，谓之华"，故称"华夏"，自黄帝垂衣裳而天下治，汉族服饰已具基本形式。着汉家裳，兴华夏美。节目通过对各朝代汉服风格的展示，让观众能够感受汉服在不同时期的美		以中国香道文化展示为主，融合茶艺、古琴演奏等，配合投壶、猜谜语等中国传统游戏，营造出古色古香的文化氛围，致力于向同学们展示并传播中华优秀传统文化

序号	参展学院	语种	主舞台展区	国别文化展区	特色展区
4	英语学院	英语	话剧《金苹果》。在宙斯和众人的见证下，Peleus和Thetis的婚礼开始了，但伴随着不速之客"厄运女神"Eris和金苹果的到来，众神之间的争端便开始了……到底谁才是最美的女神？美丽的外表下，隐藏的是人的私欲还是神的野心		
5	翻译学院	英语	具有澳大利亚特色的自然风光和人文风光的图片，包括特色建筑和动物	1.澳大利亚风土人情视频循环播放；2.澳大利亚动物、自然风光人文风光图片展示；3.澳大利亚特色美食品尝	澳大利亚地滚球运动现场互动活动

续表

序号	参展学院	语种	主舞台展区	国别文化展区	特色展区
6	国际法学与社会学院	中文	《白梨庆典》是以舞台剧的形式讲述一个乡村振兴的故事。故事主要是一个村子盛产梨子，但是今年由于疫情，白梨庆典不能如期举办，城里派来的艺术团想到用直播的方式举办白梨庆典，最终村子通过直播带货的方式，成功举办了白梨庆典		以"以青年视角记录乡村振兴故事"为主题，主要展示国际法学与社会学院这些年来重点围绕"一带一路"倡议、精准扶贫、乡村振兴、推进国家治理体系和治理能力现代化等战略，以服务社会为导向，大力培养具有中国情怀、国际视野的高素质复合型人才的建设过程。现场设置多个传统手工艺展区，可以现场体会传统手工艺的制作过程
7	西方语言文化学院	捷克语	参展学生将展示捷克的国宝级动画——《小鼹鼠的故事》。学生对小鼹鼠的故事做简要介绍	1.捷克传统甜点与啤酒品尝：学生准备捷克传统甜点与啤酒，分装到一次性餐具中，供文化节参展观众品尝；	

序号	参展学院	语种	主舞台展区	国别文化展区	特色展区
			后，向观众展示片段，作为欣赏	2.捷克相关有奖问答：学生将捷克相关的问题放入纸盒内，回答者抽出问题作答。回答正确后可获得奖品。问题与捷克地理位置、国情、国旗等常识性知识有关；3.捷克影片放映：在展台的屏幕上循环放映捷克的影片，供路过观众欣赏	

序号	参展学院	语种	主舞台展区	国别文化展区	特色展区
8		罗马尼亚语	由2020级罗马尼亚语班学生进行文艺表演，表演形式为演唱罗马尼亚语经典曲目	结合本专业特色，以罗马尼亚文化为主题，选取其中最具代表性的内容，通过图文、影音、现场教授、有奖游戏等形式进行兼具趣味性和互动性的展示，向观众直观呈现丰富多彩的罗马尼亚文化	
9		葡萄牙语	巴西说唱歌手player Tauz的一首关于巴西足球世界杯的说唱，展示着巴西人民对足球的狂热与信仰，这种文化深深扎根在每一个巴西人心中	葡萄牙艺术展，展示葡萄牙雕塑、绘画、建筑、红酒等特色文化	

序号	参展学院	语种	主舞台展区	国别文化展区	特色展区
10		乌克兰语	主舞台展示以乌克兰语配乐诗歌朗诵为主，朗诵者（乌克兰籍外教与两名中籍学生）身着乌克兰传统服装，以诗会友，让更多的同学了解乌克兰文学	乌克兰国家特色文化展区将展现乌克兰传统民族文化、服饰及货币中的文化符号。同时，配以乌克兰语与中文介绍，让更多的同学了解乌克兰文化	
11		西班牙语	西班牙语专业同学原创话剧《玫瑰》，曾获2021年学校外语节二等奖，情节精彩，演技精湛，饱含哲理，能带领观众充分领略西班牙语的语言魅力	主题：西班牙语国家风情展示内容：通过画报、视频、特色美食、小游戏问答等，展示西班牙语国家的风土人情、地形地貌等，同时教大家一些日常西班牙语的表达，带领同学们走近这门魅力十足的语言和它背后丰富多彩的文化	

续表

序号	参展学院	语种	主舞台展区	国别文化展区	特色展区
12		匈牙利语	匈牙利语专业学生演唱匈牙利语歌 *Tavaszi szé*（《春风》）	1.匈牙利文化介绍：制作匈牙利主题介绍卡片，来访者可以通过卡片了解匈牙利的经济、政治、文化、民俗等内容。在成功回答问题之后，可以获得热红酒一小杯；2.拍照打卡：来访者可以在本展台提供的道具进行拍照；3.盖章集邮：来访者根据抽签结果学习一句匈牙利语，成功学习后可以获得纪念章	

序号	参展学院	语种	主舞台展区	国别文化展区	特色展区
13		意大利语	意大利语歌舞表演，选取意大利著名歌曲2~3首，由意大利语专业同学演唱并伴舞	1.意大利旅游景点、美食图片展：展品由意大利语专业大四、大二同学双语讲解（大一协助）； 2.意大利语大舌音r挑战赛：意语老师及高年级同学现场教学，意大利语专业同学以及观众参加挑战，挑战成功者可品尝正宗意大利美食pizza（比萨）以及Tiramis（提拉米苏）；意大利与我系列视频展示	

续表

序号	参展学院	语种	主舞台展区	国别文化展区	特色展区
14		波兰语	波兰歌曲 *Ja i ty*（《我和你》）演唱	波兰国家文化展区将展示波兰城市风光，文化名人，文学作品及电影介绍。中波双语介绍，让更多对波兰感兴趣的朋友进一步领略波兰文化	
15	日语学院	日语	日语学院和服走秀节目，共展示八套精美和服，表演者随着和风伴乐而漫步道中，展现和服之美	介绍日本的茶道、花道、书道、食文化等艺术。旁侧配有解说同学进行讲解；体验项目：和服试穿、日语软笔书写	
16	国际关系学院	中文、英语、西班牙语	1.领事保护情景剧《别害怕，祖国在你身后》旨在提高同学们的跨		1.本展台主要对国际组织人才实验班和国关四大学术社团的丰硕学术及实践成果进行展示，旨在增进学生对国际组织的了解，

序号	参展学院	语种	主舞台展区	国别文化展区	特色展区
			境活动安全意识，加深对领事保护工作和海外安全形势的了解。该剧由国际关系学院2019级国际组织人才实验班的11位同学自编、自导、自演，剧目时长约为10分钟，此前已在国家级比赛中斩获二等奖；2.外交舞会是外交人员在进行外事活动时出于联谊的目的友好互动形式，其是自由配对、邀请异性进行华尔兹舞蹈的活动。模拟外交舞会是国际关系学院本科生培养过程中对外事礼仪的实践，约有六对舞伴进行模拟社交，时长为10分钟左右		进一步认识和探讨国际关系。展区内预计将由12~15人通过介绍展板、展示异国文化等环节进行宣传，另有学生代表穿着金砖五国民族服饰进行风情展；2.外交情景礼仪模拟，是指由组织者扮演外交情景中的一方，参与者扮演另一方，双方对相关情景所涉及的礼仪规范进行模拟互动。活动旨在通过模拟真实外交情景，使参与者了解并使用规范的外交外事礼仪，展现大国青年风采

续表

序号	参展学院	语种	主舞台展区	国别文化展区	特色展区
17	德语学院	德语	以德国科隆狂欢节游行的形式演唱德语歌曲，服装道具上融入德国音乐、童话、啤酒、足球等因素	以答题方式与参观者互动，题目涉及德国文学、哲学、音乐、风俗等，答对者可现场获取德式点心和饮料作为奖品	
18	俄语学院	俄语		通过工艺品展示、美食体验等方式展现俄罗斯文化风情	
19	国际工商管理学院	马来西亚语		通过展板、图书、照片、宣传册、报告等资料集中展示马来西亚的经济、金融等投资及营商环境、主要经济产业、旅游业、优质的	

序号	参展学院	语种	主舞台展区	国别文化展区	特色展区
				经济和管理类大学及留学优势，以及国际管理学院承办的马来西亚精英大学DBA项目	
20	国际教育学院	中文英语			1.成果区（学院的著作成果：中国国际教育报告、教育法典、原创双语绘本）；2.效果区（学院老师的国际化项目论文、俄罗斯展演成果等海报）；3.项目区（学院TESOL项目、马来西亚等项目）
21	商务英语学院	英语	《汉密尔顿》是一部根据美国第一任财政部部长、美国开国元勋之一的亚历山大·汉密尔顿本人经历改编的音乐剧，剧中音乐以嘻哈为主，融合了爵	通过对英国不同时期的贸易进行展讲，从贸易商品，数据对比等方面分析并与中国贸易进行对比；使同学们能够更好地了解中	

序号	参展学院	语种	主舞台展区	国别文化展区	特色展区
			士，节奏布鲁斯、叮砰巷等多种更能让年轻人接受的音乐风格	英贸易的特点，从贸易的方面加深英语语言学习的同学对英语的了解	
22	国际学院	法语	1. *Army Dance*表达了战士在迎战时的坚毅与果敢。这支舞曲将带大家领略战士们的自豪与英勇，体会战士时刻准备着为保护家园挺身而出的无畏精神；2.《告白气球》歌曲故事发生在塞纳河畔，巴黎铁塔下，这首歌将大家带到法国香榭丽舍大道，体会浪漫的法国故事	法国糕点：法国糕点种类众多，风土、口味各具特色；不少糕点以原产地命名，这一方式，保证了各地糕点独有的特征，体现了当地的美食文化和代代相传的工艺技术	

法语学院大二学生张雨萌全程参与了本次活动的筹备。她说："我不仅锻炼了协调组织能力，还了解了世界各国的历史人文，收获很大"。2020级中国语言文化学院学生杨君仪说："穿着我们的汉服，走到大家面前，感觉既紧张又自豪。"作为中国文化展示的代表，她走在台前听到大家热情的欢呼声时，倍感荣耀。来自法国的留学生Romain也表示："太开心了，这么多国家的文化在一起交流，太令人震撼了。"本次国际文化节形式多元，内容丰富，充分展现了四川外国语大学语种多样、文化多元的国际化氛围。下一步，学校将继续秉承举办国际文化节的初衷，把文化节办到校外，办到重庆市民中去，同时邀请更多市内外籍人士观访，以外国语大学的责任担当为活跃重庆地方的国际化氛围，推动区域多元文化交流作出新时代高等院校应有的贡献（图4-6）。

图4-6　国际文化节开幕式各国文化走秀

05

第五章

重庆市其他高校的多样性实践

每一所大学都有自己独特的文化内涵与文化追求。这既是客观存在的事实，也是我们在主观上理应承认和支持的多样性。正如习近平总书记所言："多样性是世界的基本特征，也是人类文明的魅力所在。"[1]因此，不同高校在开展多元文化育人的过程中，有必要结合各自的校史校情、学科专业、国际化特色等因素探索多样化的育人路径与方式方法，从而形成多元文化育人百家争鸣、百花齐放的良好氛围。

[1] 习近平：《同舟共济克时艰，命运与共创未来——在博鳌亚洲论坛2021年年会开幕式上的视频主旨演讲》，新华网，访问时间：2021年4月20日。

综合类公办高校的多元文化育人

一、重庆大学

重庆大学是中央直管、教育部直属的全国重点大学，国家"211工程"和"985工程"重点建设的高水平研究型综合性大学，国家"世界一流大学建设高校（A类）"。学校学科专业齐全，涵盖理学、工学、经济学、管理学、法学、文学、历史学、哲学、医学、教育学、艺术学11个学科门类。学校大力推进国际化发展战略，积极融入"一带一路"、西部陆海新通道发展，加强与世界一流大学和研究机构的实质性合作，已与32个国家和地区的186所高校、研究机构建立了稳定良好的合作关系，拥有国家级学科创新引智基地、教育部国际联合实验室等各类国际合作平台近20个。重庆大学-辛辛那提联合学院合作办学成效显著。学校鼓励支持师生出国（境）访学交流，年均学生出国（境）访学人数达到3700余人。学校致力于中华文化推广，设有泰国勿洞孔子学院、意大利比萨孔子学院、澳大利亚乐卓博大学孔子学院。入选教育部首批"来华留学示范基地"，积极打造"留学重大"品牌，建成全英文授课硕博项目45个、全英文授课课程300余门。

　　"十三五"期间，学校国际交流合作不断深化。工作管理体制机制不断完善，国际合作网络初步形成，与32个国家和地区的186所高校或科研机构建立合作关系，建成联合培养和双学位项目135个，建成教育部国际联合实验室等国际合作平台20余个，主办承办一批高水平国际会议。学生出国（境）学习交流从900余人次增长至3700余人次，增长4倍以上。在"十四五"规划中，学校不仅提出了开放办学，开创新局面，而且将扩大开放、提质增效，逐步形成面向不同地区、不同国家、不同类型、不同层次的国际合作网络，切实加强人才培养、科学研究、教师队伍建设以及管理服务等方面的国际交流合作，全面提升学校国际影响力和竞争力，而且特别提到了文化建设呈现新格局。学校将统筹谋划、传承创新，系统构建中国特色、"重大风格"的文化育人体系，"软实力"不断增强，为"双一流"建设提供内生动力。

　　具体而言，重庆大学将致力于积极构建国际合作网络。实施卓越大学合作计划，全力谋划和促进与世界一流大学的深度合作，逐步形成涵盖不同地区、不同类型、不同层次、不同形式的全球卓越大学合作网络。开展学科影响力提升计划，引导和支持学院对标世界一流学科，以提升学科影响力为导向，大力建设学科类国际科技合作平台。推进"一带一路"服务计划，加快国家"一带一路"急需人才培养，扩大高学历、高层次留学生的规模与资助，提升服务国家战略的能力。依托全球网络与孔子学院平台，不断深化并开展全方位、宽领域、多层次的中外人文交流与合作，探索境外办学项目。

与此同时，重庆大学还将深化国际交流合作。充分利用优质国际教育资源，大力推动国际联合培养与中外合作办学，持续推进与美国辛辛那提大学合作办学，重点推进与美加、亚太、俄乌、西欧地区等高水平大学的合作办学项目，大力提升学生国际交流能力和全球胜任力；不断拓展学生海外学习交流项目和渠道，至2025年，本科生和研究生国际化培养及海外学习学术交流比例分别达50%；着力建设全英文课程和专业，重点打造一批高质量全英文授课品牌专业，助力国际专业认证，吸引国内外优质生源；持续打造"留学重大"品牌，培养"知华、友华、爱华"的高素质人才。

2017年10月上旬，受中国国家汉办委派，重庆大学依托教育部川剧文化传承与保护基地，由宣传部和国际学院牵头，组织土木、新闻、艺术、电影学院等20余名师生，联合教务处、校团委等单位共同组建了"曲风雅韵"川剧艺术团，完成了赴欧洲"弘扬优秀传统文化、传承中国戏曲精神、开展跨国文化交流"的巡演任务。巡演活动分别在意大利比萨、佛罗伦萨、博洛尼亚、威尼斯4个城市及法国蒙特彼埃和尼斯2个城市举行。活动得到意大利圣安娜大学、比萨大学、佛罗伦萨马基雅维利孔子课堂、博洛尼亚大学、威尼斯大学及法国蒙彼利埃第二大学、尼斯大学等多所大学和孔子学院的大力支持。这是重庆大学首次获得国家汉办/孔子学院总部巡演项目，对于提升重庆大学师生国际视野，展示艺术水平，服务"双一流"文化建设，扩大国际影响力具有重要意义。

自2010年起，重庆大学先后举办四届国际文化节，致力于打造中外学子翘首以盼、踊跃参与的品牌文化交流活动。2019年10月12日，90周年校庆国际文化节在A区团结广场隆重开幕。本次国际文化节紧扣"融多元文化，庆九秩华诞"主题，旨在庆祝重庆大学建校90周年，推动学校国际化发展，为中外师生搭建交流平台，促进校园多元文化融合。时任重庆大学校长张宗益表示，重庆大学一直高度重视国际合作与交流，大力实施国际化发展战略，坚持以全球视野谋划和推动"双一流"建设。学校正在加快完善国际化发展体制机制，积极推动国际联合研究院建设，以更高水平的氛围环境和平台载体推进更高质量的国际化发展。重庆大学国际文化节是学校为实施国际化发展战略、丰富学生校园文化生活、促进中外学生互动融合、构建多元包容的国际化校园氛围而精心打造的品牌文化交流活动。此次国际文化节由重庆大学国际学院承办，主要由世界风情展、中外学生文艺汇演、"感知中国"文化交流作品及活动图片展等活动组成，共有50余个国家和地区的学生约500人参与了活动。

二、西南大学

西南大学是教育部直属，教育部、农业农村部、重庆市共建的重点综合大学，是国家首批"双一流"建设高校，"211工程"和"985工程优势学科创新平台"建设高校。学校学科专业综合性强、特色鲜明，涵盖了哲学、经济学、法学、教育学、文学、历史学、理学、工学、农学、医学、管理学、艺术学12个学科门类。学校坚持以人才培养为根本，培养具有强烈社会责任感、深厚人文底蕴、扎实专业知识、富有创新精神和实践能力的高素质人才。学校积极推进国际化进程，与美国、加拿大、泰国、日本、韩国、越南、澳大利亚、俄罗斯等40余个国家和地区的190余所高校、科研机构建立了长期友好合作关系，建有1个中外合作办学非独立法人机构，6个中外合作办学本科项目，13个国际联合科研实验室，7个海外国际中文教育机构，1个境外办学平台。

"十三五"期间，西南大学国际合作交流不断深化。学校与40余个国家和地区的180余所大学和科研院所建立合作关系，共派出6000余名学生赴国（境）外交流学习，国际学生在校人数近2000人，其中学历生1099人。学校成立中外合作办学机构——西塔学院，获批3个中外合作办学项目和1个境外办学项目。新增2个国家"111"引智基地、1个国际科技合作基地、4个中外联合实验室、3个国别和区域研究中心。2名外国专家荣获中国政府友谊奖。学校在哈萨克斯坦新建孔子学院，在俄罗斯和美国新建2个中国语言文化教育中心。在"十四五"规划中，学校提出拓展国际交流合作领域，创新国际交流合作模式，形成更全方位、更宽领域、更多层次、更加主动的教育对外开放局面，从而推动国际合作形成新格局。

具体到国际交流合作人才培养，西南大学旨在实施质量提升计划。建设深度融合的全链条、网络化、开放式协同育人模式。重点推进学校主导、学院主体、项目牵引的国际交流合作人才培养新机制，聚力打造"学行天下——国际学分"体系，满足学生多样化成才需求，推动学校国际交流合作人才培养再上新台阶。更加注重中外合作办学的"引进、消化、融合、创新"，深入推进"国内——国外、校际之间"合作办学模式，强化"中外合作办学"的示范引领。加强全英文专业或课程以及汉语国际教育专业建设，着力打造"留学西大"品牌，建立留学生教育质量评估体系，推进留学生趋同化管理。

西南大学还特别强调文化建设保障，坚持以文化人、以文育人、以文培元，充分发掘"含弘光大、继往开来"校训的时代价值，丰富发展"特立西南、学行天下"大学精神的深刻内涵，积极涵养广大师生的人文情怀，努力营造开放包容的文化氛围。建设具有国际视野、中国特色、校本风格的大学文化，积极开展精神文化、行为文化、环境文化和形象文化建设。构筑富有时代感、具有校园色彩、师生参与性强、符合现代传播特点的群众性校园文化体系，进一步完善治理文化，进一步丰富文化载体，进一步繁荣文化活动，使校园文化主旋律更加响亮，正能量更加强劲，文化自信得到彰显，学校文化软实力和影响力大幅提升。[①]

① 西南大学：《西南大学"十四五"事业发展规划暨2035年远景目标》，西南大学信息公开网，访问时间：2022年10月19日。

截至2019年，西南大学已举办十三届国际文化节。西南大学国际文化节是学校校园活动的一大盛事，是对西南大学多元文化、全球视野的一次精彩演绎，也是对"含弘光大，继往开来"校训的全面发扬。历届国际文化节为中外学生搭建了一个共同绽放自我风采的绚丽舞台，构筑了校园里独一无二的"地球村"，敞开了一扇"西大人"了解世界、融入全球的窗口。对此，西南大学校领导表示，希望西大学子能够通过文化节这个体现学校兼容并蓄办学理念的特色平台，继续秉持开放包容，互学互鉴的理念，做"一带一路"倡议的积极践行者，成为推动中外文明交流的纽带，让彼此文明美美与共。

来华留学生教育是西南大学一大办学特色。国际学院每年举办"国际文化节""泰国宋干节（泼水节）""汉语之星比赛""国际学生中文歌曲大赛"等活动，让中外学生在其乐融融的交流中，增进了解，加深友谊，促进多元文化交流。例如，泰国是西南大学最大的留学生生源国。因此，一年一度的宋干节也成为国际学生的重要文化节日。"宋干节"又称"泼水节"，是泰国一年一度的新年庆典，意思是"跨越"或"向前迈进"，人们通过相互泼水来表达对祖国、家人、朋友的祝福之情。举办汉语之星则有助于激发国际学生学习中文的热情，提高国际学生的汉语水平，有助于他们更好地扮演文化交流与传播的使者。而举办中文歌曲大赛，不仅为留学生提供了交流、分享的平台，又能让他们在演唱中领会到中文发音，并通过歌词深入了解中华文字的魅力及中国文化。正如西南大学国际学院党总支书记刘猛所说："这是学校第一次把留学生的活动放在校外举行，是一次非常生动的社会实践课。音乐无国界，我们希望通过这样的活动加强中外文化的交流，充分展示留学生们在中国学习汉语、了解中国文化的成果。同时与中国市民有一个良好的互动，加强彼此的了解和沟通。"

三、重庆文理学院

重庆文理学院是重庆市人民政府主办的全日制普通本科高等学校，其前身重庆师范高等专科学校和渝州教育学院，分别创办于1976年和1972年；2001年5月，两校合并组建为渝西学院；2005年4月，更名为重庆文理学院。学校现设有19个二级学院，开设66个全日制普通本科专业，专业涵盖文学、理学、工学、管理学、艺术学、教育学、农学、法学、经济学、历史学10个学科门类。学校坚持开放办学，与美国、俄罗斯、意大利、马来西亚等国30多所高校签订了合作协议，先后开展了师生交流、合作办学、合作科研、来华留学等项目。目前，重点与美国北卡罗莱纳大学威尔明顿分校、俄罗斯克麦罗沃州内库兹巴斯国立技术大学举办中外合作办学项目，与俄罗斯托木斯克理工大学、托木斯克国立大学等高校开展"2+2"本科生和硕士联合培养项目，与意大利佩鲁贾大学开展师生交流和硕士联合培养项目，与马来西亚泰莱大学、思特雅大学等高校合作举办本升硕项目。"中俄科教合作交流平台"获批重庆市国际化特色项目立项。近年来，学校每年有10余名学生获得国家留学基金委公派出国留学资助。

"十三五"期间，重庆文理学院对外开放持续深化。学校与俄罗斯托木斯克理工大学、美国加州大学等国际知名大学共建示范型"微纳米光电材料与器件国际科技合作基地"，与美国北卡罗来纳大学威尔明顿分校举办中外合作办学项目"数学与应用数学（大数据方向）"，与俄罗斯托木斯克理工大学开展"2+2"本科生联合培养项目，与意大利佩鲁贾大学开展师生交流和硕士联合培养项目等。在"十四五"规划中，学校提出了建设区域性、国际化、高水平应用型大学的发展目标，并致力于在"十四五"期间公派出国留学和访学三个月及以上的人员达到50人；引进高层次海外专家、留学优秀人才以及长短期外籍教师年均20人次；新增中外合作办学项目、联合培养项目8～10个（其中教育部审批项目1个）；来华留学在校生达到500人；出国留学或交流学生达到200人；新增中外合作科研平台（基地）1个，积极拓展各类国际合作科研项目。

具体而言，重庆文理学院将加快教学国际化建设。积极开拓中外合作办学项目或联合培养项目；优先做好数学与应用数学（中外合作办学）项目，并通过合格性评估；重点做好与俄罗斯托木斯克理工大学、意大利佩鲁贾大学等开展的联合培养项目；新开拓与马来西亚、泰国、英国等国家高校的交流项目3~5个。同时，提高学生出国留学交流水平。依托中外合作办学项目、校际联合培养及海外实习实践项目，建立多层次、多渠道的出国留学交流平台。实施学生语言能力和交流能力提升计划，深化大学外语"1+X"教学模式改革，大范围加强学生出国外语基础培训。另外，学校还将提升来华留学生教育质量。创新留学招生宣传渠道，多途径、多措施招收外国留学生，扩大招生规模并提升生源质量。提高来华留学生教育水平，建立一支优秀稳定的留学生教育教师队伍；提升课程教学国际化水平，改进国际学生教学内容和教学方式。完善来华留学生服务保障机制。适时启动来华留学质量认证工作。

2017年6月30日至7月17日，受俄罗斯联邦科技教育部国际儿童院国际教育中心邀请，重庆文理学院选派新材料技术研究院金属材料工程（国际班）学生赴俄罗斯伊万诺沃参加暑期夏令营活动。同学们从最基础的使用俄语作自我介绍，到学习俄罗斯菜肴、舞蹈、歌曲，在亲身体验与潜移默化中加深了对俄罗斯习俗文化的了解。体验式、情景式学习不仅让学生学到了新知识，还培养了学生学习俄语的积极性。学习之余，同学们还参观了伊万诺沃州博物馆，游览了风景如画的普列斯和苏兹达利，参观了俄罗斯伊万诺沃化工大学等，增强了见识，开阔了眼界。中国驻俄罗斯联邦大使馆公使衔教育参赞于继海出席了夏令营闭幕式，高度评价了国际儿童院在中俄两国关系发展中所作的贡献，指出本次夏令营活动的顺利开展，将进一步务实深化两国间文化的交流和沟通。

多年来，重庆文理学院积极鼓励并大力支持园林、风景园林专业学生参加韩国国际压花大赛。该大赛是目前参与国家和地区最多、影响力最大的国际性压花专业赛事。参赛作品以风景压花作品为主，同时接收各种形式和风格的压花艺术作品。这些作品以植物为创作元素，通过艺术与技术的完美融合，展现出压花艺术的独特魅力。各国选送的作品经过照片审查及实物审查两次评选后最终评选出60幅获奖作品，大赛设全场大奖1名、一等奖2名、二等奖12名、特选奖45名。所有获奖作品将在韩国压花博物馆展出一年。重庆文理学院先后在第19届和第20届比赛中，获得了多项银奖和特选奖等佳绩，充分展示了学校"合格+卓越"技能型人才培养的成效，提升了在国际国内同类院校中的影响力。

行业类公办高校的多元文化育人

一、西南政法大学

西南政法大学是新中国最早建立的高等政法学府，改革开放后国务院确定的全国首批重点大学，中华人民共和国教育部和重庆市人民政府共建高校，国家首批卓越法律人才教育培养基地，来华留学生中国政府奖学金委托培养院校，中西部高校基础能力建设工程高校。学校已形成以法学为主，哲学、经济学、文学、管理学、工学等多学科协调发展，从本科到硕士、博士研究生教育以及继续教育、留学生教育等多层次、多类型的人才培养格局。

学校坚持教育对外开放战略，与近40个国家和地区的190余所高校或机构建立了交流合作关系，开展130余个学生交流项目。入选教育部"优秀本科生国际交流项目"和"国家建设高水平大学公派研究生项目"，入选重庆市国际化特色高校和"巴渝海外引智计划"。与美国、俄罗斯、加拿大、日本、澳大利亚、比利时、以色列等国知名高校合作举办20余个来华留学生短期学术课程项目。现有英国考文垂大学法学本科教育和美国凯斯西储大学法律硕士项目等两个中外合作办学项目，是西部唯一承办法学学科中外合作办学双学位项目的高校。学校来华留学学历教育覆盖本、硕、博三个层次，推出了东盟英才博士班项目、"中国法"全英文硕士项目、中柬境外合作办学本科"2+2"项目等系列"留学西政"品牌项目。

"十三五"期间，学校国际合作交流持续深入。获批重庆市国际化人文特色项目建设高校，入选来华留学生中国政府奖学金委托培养院校，14个学生交流项目入选教育部"优秀本科生项目"和"国家高水平公派研究生项目"，位居重庆市前列。派出留学项目学生2100余人，接收国际学生2306人。建设中西部首个"中国法"全英文硕士项目，合作建立7个海外生源基地。派出168名教师出国（境）访学、591人次开展学术交流，聘请90名长期外籍教师、200余名短期外籍专家，与包括共建"一带一路"国家在内的近40个国家和地区的180余所高校或机构建立了交流合作关系，其中19所QS综合排名或法学学科排名前100强。

在"十四五"规划中，西南政法大学提出国际交流进入新层次的目标。学校致力于与世界一流大学、一流科研机构的高层次、实质性国际交流合作进一步加强。培育一批具有国际视野、高水平教学科研能力的国际化师资。培养一批符合新时代国家需要的高层次涉外法治人才，形成国际化法治人才培养特色。构建中国特色国际化管理模式，学校整体国际传播力和影响力得到全面提升。具体而言，学校将深化国际交流合作，推进更高水平对外开放，提升教育国际化水平。大力支持教师出国（境）访学、讲学、参会，大力推进高水平国际化人才培养。持续提升中外合作办学层次和质量，力争在法学以外学科中外合作办学项目上取得突破。办好"留学西政""体验西政"，新建一批来华留学英语授课品牌课程，稳步提升来华留学生教育培养质量。扎实推进重庆市国际化特色高校建设。

一方面，学校将加大项目建设，强化国际化人才培养，建立和完善国内培养与国际交流双向互通、开放多元的人才培养体系，支持教学科研实体单位开拓更多海外交流项目。实施博士生联合培养项目、国际法拔尖人才特色项目、国别区域法治人才培养项目、"双语双法"东盟法治人才项目、"涉外律师"法律硕士项目等系列人才培养项目，着力培养政治素质高、通晓国际规则、具有国际眼光和国际视野的涉外法治人才。强化学生教育教学实践的国际化，建立一批海外实习实践基地，选派优秀学生赴国（境）外和国际组织实习、研修。在办好已有的两个中外合作办学项目的同时，积极开展法学以外学科的中外合作办学项目的建设工作。

另一方面，学校将凝练品牌特色，优化国际学生教育管理机制。完善国际学生招生管理的体制机制，发挥二级学院主体作用，提升国际学生生源质量。面向共建"一带一路"国家，建设一批特色鲜明、适应国际学生需求的全英文授课或汉语授课的国际化项目。扩大"中国法"全英文硕士项目和"东盟英才博士班"项目的影响力，打造国际教育特色品牌。建立健全国际学生教育质量监控体系，提升国际学生人才培养质量。此外，学校将优化管理机制，建设多元文化校园。

加强外事统筹、组织与协调，把服务学术发展、人才培养与国家使命结合起来，精心布局全球合作网络，整合海内外优质办学资源，梳理、整合校内院系、群体、团队各类国际学术交流资源和需求，为学校"双一流"建设提供有力支撑。打造与世界一流大学发展需要相适应的国际化校园，全面提升服务国际师生的能力。探索建设国际交流中心，打造多元文化交流融合的平台，全面发挥弘扬"西政精神"、传播中国文化的多元功能。①

① 西南政法大学：《关于印发〈西南政法大学"十四五"发展规划（2021—2025年）〉的通知》，西南政法大学规划处网，访问时间：2021年12月13日。

为了促进校园内中外学生的互动交流，西南政法大学先后设计举办了各类文化活动。其中，"西政中外文化交流节"是最有影响力的活动。2019年11月26日，西南政法大学第三届中外学生文化交流节活动正式举行。来自缅甸、乌兹别克斯坦、哈萨克斯坦、德国、俄罗斯、英国、斯里兰卡和阿尔及利亚等22个国家的学生汇聚一堂，用微笑与拥抱对话，用舞蹈与歌声交流，用飘香的美食带来心与心的接触。以活动为载体，以文化为纽带，促进中外文化繁荣发展。本次活动为中外学生提供了一个展示本国文化、了解外国文化魅力的平台，使学生能够更直观、更深切地感受文化多样性，促进中外学生相互交流、友好沟通、共建友谊。②

② 第三届中外学生文化交流节顺利举行。

2021年12月8日，为进一步推动学校中外学生文化交流，增进中外学生的理解，提升学校的国际化氛围，由西南政法大学学生工作部、西南政法大学国际教育学院联合举办的第五届中外文化交流节采用线上、线下相结合，录播、线下直播和境外直播联动的方式举行。来自五湖四海的学子共襄视听盛会，用欢乐的笑容诠释了文化交流的真谛，用不同的文化习俗为冬日的校园增添了一抹亮眼的色彩。本次直播活动线上、线下参与的师生最高时达千余人次。一系列文艺展示和表演，使境外国际学生切身体验中华文化的博大精深与源远流长，拉近了中外同学之间、境外同学与西南政法大学的距离。

二、重庆医科大学

重庆医科大学创建于1956年，由上海第一医学院（现复旦大学上海医学院）分迁来渝组建，原名重庆医学院，1985年更名为重庆医科大学。学校是国务院学位委员会批准的首批具有博士和硕士学位授予权的单位，是教育部批准的首批来华留学示范基地。学校2015年成为重庆市人民政府、国家卫生健康委员会（原国家卫生计生委）和中华人民共和国教育部共建高校，2016年成为"高等学校学科创新引智计划"（"111计划"）首批立项的地方高校之一。学校设有21个学院（系），并设立研究生院，开设36个本科专业。学校积极开展国内外交流合作。与欧洲、亚洲、北美洲、大洋洲的23个国家和地区的52所教育或医疗卫生机构建立了合作关系，其中包括美国达特茅斯学院、加拿大不列颠哥伦比亚大学、英国伦敦大学学院等国际名校；与英国莱斯特大学中外合作办学项目已正式启动，是我国西部地区唯一获批的临床医学中外合作办学项目；同时，与复旦大学、西南大学等"双一流"建设高校开展长学制医学生的联合培养工作。

"十三五"期间，学校获批建设"母胎医学创新引智基地"及"感染与免疫临床研究创新引智基地"（"111"基地）；获批"教育部生殖与发育国际合作联合实验室"，举办西部地区唯一的临床医学中外合作办学项目；《基因与疾病》被SCI数据库收录，首个影响因子达到4.803，入选"中国科技期刊卓越行动"高起点新刊项目；打造了一系列高水平的国际学术会议品牌；获批"中国政府奖学金来华留学生社会实践与文化体验基地"，顺利通过"高等学校来华留学质量认证"。

在"十四五"规划中，重庆医科大学提出了国际合作开创新局面的目标。学校将致力于主动适应"双循环"新发展格局，对接国家需求，加强同世界高水平大学、科研机构的互学互鉴；提质增效，全面融入"一带一路"建设；提升国际交流合作内涵，形成多层次、宽领域、高质量的国际化发展新局面。具体而言，学校将深化国际合作，构筑开放交流新格局。

一是要完善教育体系，提升学生国际视野。以中外合作办学临床医学专业建设为抓手，引进国外优质教学资源，加强学校与国际高水平大学的本科教育合作，增加2～3个中外合作办学项目，打造中外合作办学"重医品牌"。拓展国际化办学方式，与国外高校建立联合培养项目，实现学分互认，学位互授、联授。推进来华留学教育提质增效，加强国际理解教育，扩大人才培养的国际影响力；开拓学生国际交流渠道，新增学生交流项目，打造国际人文交流品牌项目，培养具有国际视野的高水平人才。

二是要深化国际合作，扩大学校国际声誉。学校将主动适应"双循环"新发展格局，对接国家需求，加大与国外高水平大学、科研机构、科研基地合作力度，联合申报各级国

际科技合作基地，共建实验室、研究中心等。支持创办高水
平国内学术刊物或国际学术刊物，办好现有《基因与疾病》
等SCI期刊，提升期刊国际影响力。积极融入高质量"一带一
路"建设，举办"一带一路"专业培训班，为共建"一带一
路"国家培养优秀医学人才，对外讲好中国故事，传播中华
优秀文化。加强重点学科与世界高水平大学的实质性合作，
拓展合作领域，扩大学校国际声誉。此外，
学校还专门在坚持文化引领的主要原则中，
提到要将文化品牌意识渗透在学科建设、人
才培养、师资队伍建设、科学研究和国际交
流合作的方方面面，培养学生自觉践行医学
使命的责任担当，鼓励教职医护员工以高远
志向、良好品德、高尚情操为社会做出
表率。①

> ① 重庆医科大学：
> 《重庆医科大学"十
> 四五"事业发展规
> 划》，重庆医科大学
> 发展规划处网，访
> 问时间：2021年11
> 月8日。

2010年以来，重庆医科大学累计派出10余批在校学生参
加"暑期赴美社会实践项目"（Summer Work & Travel USA
Program）。该项目允许学生利用暑假假期时间持J-1签证进入
美国企业进行为期8～12周的短期社会实践，并利用实践之
余，在美境内旅游或实地体验美国生活，深入了解美国社会
及文化。赴美期间，有108名学生被评为"优秀员工"，11名
学生被企业选拔为"优秀主管"。学生们在归国后获得了来自
社会、学校以及家长的极高评价。通过此项目，学生不仅在
英语技能、心理素质和实践能力等方面得到了很大提升，而
且为未来的就业打下了良好基础。

参与该项目的杨媛媛同学表示："这是我第一次真正地接
触社会，没有父母的保护伞，没有老师的呵护，遇到困难时，

找不到放弃的理由，只有咬牙坚持。在这过程中，我在慢慢地成长、收获，变得更加成熟，也学会了体谅他人。"她对自己收获的感想进行了总结。比如，虽然知道父母挣钱不容易。但是这种认识只是停留在表面，至于这种艰辛和苦累还未真的体会过。这次实践活动是对我人生经历的一次补充。现在我亲身体会到：要想挣钱，你就得一秒一分地工作，你就得一件事一件事地完成，你就得忍受工作中的不如意，遇到困难时你不能后退只能前进；学会尊重每一份工作，尊重每个工作的人，行行出状元。有些工作看起来"低贱"，但是却发挥着不容置疑的作用，正因为他们的辛勤工作，社会才能有条不紊地发展；不论在工作还是生活中，要时刻坚守自己的原则。一旦你违背了原则，做了有违自己良心的事，是做多少件好事都难以弥补的，并且有时候你代表的不仅仅是个人，而是一个集体，甚至是一个国家。

三、重庆理工大学

重庆理工大学诞生于1940年，前身是国民政府兵工署第11技工学校（对外化名"士继公学"），曾是享誉国内的"兵工七子"之一，现为重庆市重点建设高校、重庆市高水平新工科建设高校。学校坚持立德树人，面向和服务国家及地方经济社会发展，建立了理、工、文、管、经、法、医、艺等协调发展的多学科专业体系。学校坚持开放办学，与美国、英国、俄罗斯、韩国、日本等20多个国家和地区的45所高校和科研机构开展了多形式、深层次、宽领域的合作交流，是"一带一路"中波大学联盟与中芬应用科技大学校长联盟等国际联盟组织成员高校。

"十三五"期间，重庆理工大学对外合作与交流得到新拓展。与包括4所QS世界大学排名前100名的27个国（境）外高校、科研机构及企业签订合作协议35份，派出491名学生赴国（境）外高校或国际组织、企业等进行访学交流，派出144名教师赴国（境）外高校或研究机构留学，引进长短期外专外教289人次，招收来华留学生744名，2个中外合作办学项目顺利通过教育部评估。在"十四五"规划中，学校开放办学水平稳步提升的目标。全球校际教育合作网络更加完善，对外合作广度和深度得到有效拓展，中外合作办学质量进一步提升。

　　具体而言，在国际合作方面，学校将力争实现新增中外合作办学项目1项以上，新增校际合作交流项目20项以上，新增海外访学本科生及研究生1000名左右，打造2~3个"留学重理工"品牌专业，来华留学学历生稳定在150人/年，新增一批短期来华留学生，新增来华留学全英文授课品牌课程2门，新聘高水平境外人才100名以上，新举办高影响力国际学术会议15次以上，新获批各级公派出国留学项目教师80名以上。①

① 重庆理工大学：《重庆理工大学"十四五"事业发展规划》，重庆理工大学发展规划处网，访问时间：2021年12月21日。

　　为此，重庆理工大学一是要实施教育合作网络拓展计划。完善国际交流机制，构建分层级、全方位的新型国际合作交流体系，推动国际教育交流合作的规模与质量并重发展，加大与世界知名大学、科研机构、企业的实质性交流合作。积极参与国际大学组织，借鉴吸收先进经验，交流学校办学理念，增强学校影响力。二是要实施高质量学生海外访学计划和"留学重理工"品牌打造计划。探索与国（境）外名校联合培养人才模式，着力提高公派留学生数量。进一步完善学生海外访学追踪机制，形成重庆理工大学学生海外访学服务网络。以通过来华留学质量认证为目标，进一步完善来华留学教育管理体制机制。建立与国际接轨的教学内容与课程体系，打造2～3个"留学重理工"品牌专业。

在重庆理工大学的国际化办学探索过程中，韩国科学技术院（KAIST）与重庆理工大学联合举办的重庆两江KAIST国际项目尤为引人关注。该项目包含四年制国际化培养本科教育、本科双学位和研究生教育，专业为电子信息工程和计算机科学与技术。除了常规的课堂教学，该项目还专门举办夏令营和冬令营活动拓展学生的国际视野。2016年8月27日—9月8日，重庆两江KAIST国际项目2016级新生英语夏令营活动成功举办。来自韩国科学技术院人文与社会科学学院的5名英语教授，来自英国、美国的9名英语语言教师以及重庆理工大学外国语学院的10名英语教师，以及两江国际学院173名本科生及研究生共同参加。夏令营采用理论教学、口语对话、英文电影赏析、才艺展示、英文歌曲KTV、英语海报限时制作和自制英文微电影等多种教学方式，充分调动学生的积极性，激发学生学习英语的浓厚兴趣。本次夏令营活动不仅让学生们迅速适应了全英文授课环境，提高了英语水平，增进了同学间的了解和感情，更让学生们在学习过程中加深对英语文化的认识和了解。①

① 重庆两江KAIST国际项目2016级新生英语夏令营圆满落幕。

2017年，两江国际学院组织23名学生赴韩参加KAIST冬令营活动。回校后，他们将自己在KAIST的游学经历、所感受到的韩国现代文化与传统文化、社团文化等以及同KAIST教授及学生互动交流的所感所悟，用最真诚直接的方式分享给国内的同学，让所有同学感受到了KAIST独特的人文和学术魅力。正如时任重庆理工大学副校长、两江国际学院院长许洪斌所言："学校就是要鼓励同学们争取更多机会走出国门，增长见识，不断装备自己，努力成为具有国际化视野和竞争力的复合型人才。"

民办高校的多元文化育人

一、重庆外语外事学院

重庆外语外事学院，简称"重外院"，前身为四川外国语大学重庆南方翻译学院，是经教育部批准设立的全日制普通本科高等学校。学院创建于2001年，2002年开始招生，2003年被教育部确立为独立学院，2011年取得学士学位授予权，2020年底经教育部同意转设为独立设置的民办普通本科学校。经过近20年的发展，学校已建设成为以文学学科为主，以语言学科专业为优势，文学、经济学、管理学、艺术学、工学等多学科协调发展的多科性大学。学校坚持国际化办学理念，不断拓展国际化办学渠道。目前，学校已与英国、美国、新西兰、德国、法国、日本、韩国、泰国等国家的40多所高等院校建立了校际合作关系。学校与英国里士满大学和澳大利亚国王学院互为海外校区，积极开展中外联合培养、合作科研、师生互访等各种形式合作与交流，国际化合作办学平台不断拓展。学校积极展开来华留学生教育，每年招收来不同国度的学历留学生和交换留学生。意大利驻重庆总领事馆为表彰学校对意中关系的友好发展所做出的杰出贡献，授予学校"2016年度金椒奖"。

2020年1月，当时的四川外国语大学南方翻译学院与重庆市教育国际交流协会签订了战略合作协议，旨在共建非通用语培训中心、留学服务中心、对外汉语教师培训基地、来华留学生汉语培训基地以及国际双创教育工作站5个项目。同年7月9日，四川外国语大学南方翻译学院与重庆市教育国际交流协会中外人文交流（重庆）试验园区项目共建合作揭牌仪式举行。双方以服务国家经济发展战略和地方经济建设为目标，充分发挥各自优势，搭建海内外平台，开展更大范围、更高水平、更深层次的中外人文交流合作。双方共同为上述5个项目揭牌，致力于为学校国际人才培养、国际交流与协作提供一个更大的平台，同时更新学校的人才培养理念，提升国际人才培养水平。

二、重庆移通学院

重庆移通学院（原重庆邮电大学移通学院）成立于2000年，是一所经中华人民共和国教育部批准、由重庆市教育委员会主管的全日制普通本科高校，面向全国招生。学校现已形成了以工学为主，经济学、管理学、文学、艺术学五大学科交叉融合协调发展的专业体系。学校坚持实施国际化战略。继与德国安哈尔特应用技术大学联合成立中德应用技术学院以来，已与德国、美国等国十余所大学签署合作办学协议，广泛开展中外联合培养的硕士、本科双学历教育活动，目前已输送出近900名学生到国外深造，在校预备赴德学生1700余人。2019年成功举办第三届中德国际教育论坛，邀请10余所德国高校、60余所国内高校参加，促进了中德高校交流合作。学校加强国际交流合作，通信工程等4个工科专业通过德国学科专业认证协会（ASIIN）认证，是全国同类院校中唯一通过认证的高校，同时获得欧洲工程师项目（EUR-ACE Bachelor）认证。

2021年5月，为落实学校发展战略，结合学校"四维一体双院制"育人模式，全方位融入国际化元素，强化校园国际文化氛围，纵深推进校园国际化建设以及提升国际化品牌影响力。与此同时，为了通过整合学校国际文化品牌和资源，为学生们搭建起拓展国际化视野、领略国际文化风采、增强跨文化交流能力的平台，重庆移通学院举办了首届"国际文化交流月"活动。首届"国际文化交流月"为全校师生带来了"开幕式暨国际交流项目展""红酒品鉴会""国际文化体验沙龙"以及"'国际+科幻'电影放映日"等系列活动，全校师生共赏、共鉴、共融于学校的国际文化活动。此次活动不仅开阔了学生们的国际视野，还为学生们提供了优质的活动平台，让学生们领略了不同国家的人文风情，切身体验国际文化的魅力与多元，全方位、多角度地推进重庆移通学院的国际化建设，使学生们收获有意思、有意义的国际文化知识，启发了学生们对不同国家文化、美食等方面的思考和探究，丰富了学校的国际文化内涵。

参与本次交流月系列活动的外籍教师Clive认为，本次国际文化交流月能让重庆移通学院学子从服装、舞蹈、语言了解外国文化。很多怀着好奇心参与活动的学生，能通过本次活动了解学校很多的国际交流平台，其也可以给学生们提供更多国际化的信息。外国语学院的范敏同学表示，本次国际文化交流活动非常新颖，活动内容多种多样，现场设置的国际交流项目内容介绍对于其来说十分有用，外国语学院的学生非常适合这样的国际文化交流活动，可以通过参加活动了解国际文化，还可以了解学校国际交流项目，提升学生自身的交流能力。中德学院的王一诺同学也表示，其实实在在地体验了"三场沙龙"活动，学习了如何制作美式冰激凌、了解德国的传统节日，还有收获到美国好莱坞以及中国电影行业的知识。对其而言，这是很奇妙且美好的经历。①

> ① "开放的移通，绽放的青春"——移通首届"国际文化交流月"圆满落幕。

三、重庆财经学院

重庆财经学院（原重庆工商大学融智学院）成立于2001年，2003年经教育部批准为全日制普通本科层次的独立学院，2011年增列为学士学位授权单位，2016年获批为重庆市第二批整体向应用型转变试点高校。2020年经教育部批准转设为独立设置的非营利性民办普通本科高等学校。2021年获批为重庆市新增硕士学位授予立项建设单位。学校现有经济学、管理学、工学、文学和艺术学5个学科门类。学校坚持植根重庆、服务西部、面向全国、走向世界的开放办学思路，积极对接"一带一路"倡议，已先后与来自英国、美国、加拿大、捷克、澳大利亚、韩国、俄罗斯、马来西亚、泰国、马里、贝宁和新西兰等17个国家的30余所高校建立了合作关系；开设有直通西班牙公立大学本硕连读项目、直通法国高商精英本硕连读项目及多个海外知名高校的研习、实习及交换生项目。此外，学校同时开设有国际注册会计师（ACCA）、特许金融分析师（CFA）以及注册管理会计师（CMA）等3个财经类国际项目班。

重庆财经学院持续打造国际文化教育分享沙龙、国际文化教育分享工作坊、国际文化交流月系列活动。2021年5月6—19日，为营造学校良好的国际化氛围，增强师生的国际化意识，在一年一度的"国际文化交流月"中，学校特邀请到优质国际项目方走进二级学院开展"留学文化周"系列活动。此次"留学文化周"系列活动采用线上和线下两种形式，涵盖了语言学习、留学规划和文化体验等活动，旨在让全校师生接触先进的国际教育理念，体验不同国家文化，强化语言学习技巧，提升国际素养。比如，物流工程学院在"留学文化周"期间积极承办和精心组织了三场国际名校留学资讯分享会，开阔了学生的国际视野，加深了学生对不同留学目的地国家的了解；数字经济学院和公共管理学院承办的日语配音比赛、线上日本"云游学"及日韩文化体验等活动则让学生们燃起了学习小语种的兴趣。①

① 我校成功举办"国际文化交流月"之"留学文化周"系列活动。

2022年4—5月，重庆财经学院又举办了主题为 *Let's Do*（我们一起行动吧！）的国际文化交流月活动。活动内容包括 Let's show: 重庆财经学院2022年"外教社杯"大学生英语演讲比赛；Let's share: 重庆财经学院"国际中文日"活动—重庆旅行日志；Let's talk: "五分钟轻松破解口语开口难"活动；Let's listen: "留学文化在线分享"活动等。其中，Let's listen 活动邀请到英国雷丁大学2021届会计金融硕士郑雯心介绍自己的留学规划、在英留学和求职经历。这是学校2022年"国际文化交流月"系列活动的"重头戏"之一，旨在整合国内外优质教育，通过线上线下分享会的形式，吸引更多师生参与到国际文化交流活动中来；同时，活动也旨在开阔学生国际视野，增强其自我提升意识，引导其尽早做好学业规划。①

① 重庆财经学院成功举办2022年"国际文化交流月"之"Let's Listen——海外优秀校友留英经历&斩获海外工作offer经验分享"活动。

结　语

　　2017年1月18日，习近平总书记在联合国日内瓦总部发表《共同构建人类命运共同体》的演讲。他认为，在一个人类大发展大变革大调整的时期，要想实现"让和平的薪火代代相传，让发展的动力源源不断，让文明的光芒熠熠生辉"的目标，中国方案就是构建人类命运共同体。他强调，构建人类命运共同体，关键在行动。而国际社会需要付诸实践的内容之一即是"坚持交流互鉴，建设一个开放包容的世界"。他指出，"人类文明多样性是世界的基本特征，也是人类进步的源泉。世界上有200多个国家和地区、2500多个民族、多种宗教。不同历史和国情，不同民族和习俗，孕育了不同文明，使世界更加丰富多彩。文明没有高下、优劣之分，只有特色、地域之别。文明差异不应该成为世界冲突的根源，而应该成为人类文明进步的动力。每种文明都有其独特魅力和深厚底蕴，都是人类的精神瑰宝。不同文明要取长补短、共同进步，让文明交流互鉴成为推动人类社会进步的动力、维护世界和平的纽带"①。

　　对此，有学者认为，"人类命运共同体理念深刻把握人类文明演进发展的基本规律，对中华文明中的多元文化对话思想进行创造性转化、创新性发展，主张充分认识和尊重世界文明的多样性。通过文明互学互鉴、交流交融推动人类文明进步，通过汲取不同文明的有益因素为人类发展提供智慧启

① 习近平：《共同构建人类命运共同体》，中国政府网，访问时间：2021年1月1日。

示，把跨越时空、超越国度、富有永恒魅力、具有当代价值的文化精神弘扬起来，在人类文明的多样性中找到人类社会向前发展的强大动力，最广泛凝聚各国共建美好世界的共识。不同文明平等相待、交流互鉴，才能夯实构建人类命运共同体的人文根基。"[1]从这个意义上讲，高等院校的人才培养也对标对表嵌入必要的人文基因，要让青年学子在具备深厚的中华文化的同时，涉猎广泛的多元文化，从而为日后推动构建人类命运共同体奠定良好的国际化人文素养。

[1] 王杰：《以文明交流互鉴推动构建人类命运共同体》，光明网，访问时间：2022年7月25日。

为了发挥教育系统在推动构建人类命运共同体中的独特作用，中华人民共和国教育部等八部门于2020年联合印发了《关于加快和扩大新时代教育对外开放的意见》（以下简称《意见》），旨在"坚持教育对外开放不动摇，主动加强同世界各国的互鉴、互容、互通，形成更全方位、更宽领域、更多层次、更加主动的教育对外开放局面"。[2]虽然《意见》针对高等教育更多提到的是支持高校加强与世界一流大学和学术机构合作，但是从育人对育才的影响和作用来看，在推动知识学习的同时必然会伴随着对多元文化的接触和了解，而具备多元

[2] 《教育部等八部门印发意见加快和扩大新时代教育对外开放》，中华人民共和国教育部网，访问时间：2020年6月23日。

文化视野和思维的学生也能更好地吸收和借鉴国外的先进经验和知识。因此，不能简单地认为高等教育不重视多元文化。实际上，针对在基础教育阶段，《意见》还特别强调了加强中小学国际理解教育，帮助学生树立人类命运共同体意识，培养德智体美劳全面发展且具有国际视野的新时代青少年。

原中华人民共和国教育部部长陈宝生曾表示，教育应在构建人类命运共同体进程中发挥更大作用。而作用路径之一就是"要开创未来，深化教育国际合作，从不同文明中寻求智慧、汲取营养，以更加开放共享的理念构建人类命运共同体"。[①]其他专家学者也指出，"教育对外开放是世界先进文化吸收与中华优秀文化传播的排头兵。多元文化冲突与交融是当今世界文明面临的共同问题，需要以包容思维实现人类先进文化共享。教育是文化传播的主阵地，是不同国家、不同文化的人们进行文明对话和理解的交汇地"。[②]既然如此，各级各类学校都应当高度重视多元文化存在并发挥相应作用的基本事实，尤其是在高校这种学生思想开放、思维活跃的环境中，注重和引导多元文化产出正向育人效应就显得十分重要了。

① 《教育部部长陈宝生：着力打造教育对外开放新高地》，青年红色根据地网，2020年10月21日。

② 唐琪：《如何加快和扩大新时代教育对外开放》，《中国教育报》，2020年6月23日第4版。

2021年11月，重庆市人民政府印发《重庆市教育事业发展"十四五"规划（2021—2025）》（以下简称《规划》）。《规划》提出的主要任务之一是"构建教育对外开放新格局"。"十四五"期间，重庆市将大力引进海外优质教育资源，支持学校开展诺贝尔奖大师校园行、国际前沿讲堂、国际课程周等活动；提高国际化人才培养和留学工作质量，鼓励学校设立学生赴国（境）外学习交流项目和人才培养专项，培养储备"一精多会、一专多能"的国际化复合型人才。建设全英文授课专业和品牌课程，提高来渝留学教育质量和管理服务水平。做好新媒体宣传推广，举办"一带一路"来华留学专题研修班，吸引世界优秀青年来渝学习；有效拓展中外人文交流空间，加快建设中外人文交流教育实验区、中外人文交流研究院、重庆中外人文交流学院。积极建设国际合作教育园区。推动成渝地区共建中外人文交流协作示范区。①

① 《重庆市教育事业发展"十四五"规划（2021—2025年）》，重庆市人民政府网，访问时间：2021年11月23日。

不仅如此，《规划》还专门提到了支撑服务中西部国际交往中心建设，发挥教育优化营商环境的优势，为大型国际会议、国际性节庆活动、国际性赛事活动提供人才支持和志愿者服务。按照重庆市人民政府外事办公室相关负责人的说法，衡量国际交往中心的一个重要标准就是，城市开放度要高、人文氛围要浓厚、生活质量要高、城市具有很强的吸引力。而在建设中西部国际交往中心过程中，重庆市还将陆续邀请来自日本、美国、西班牙、俄罗斯、新加坡等国家的乐团和话剧团来渝进行商业演出和文化交流。此外，重庆市人民政府外事办公将联合相关部门，争取更多外国领馆、国际机构和专业性国际组织来渝落户，加强与跨国公司地区总部、研发机构，以及国际知名会计师事务所、律师事务所等机构交往合作，支持国际科技、文化、教育、体育等专业国际组织和全球领先的经济、金融、贸易等机构入驻重庆，促进经贸往来、文化交流，方便市民出国旅行、学习和工作。②

② 《加快建设中西部国际交往中心行动计划发布，重庆"朋友圈"将越来越国际范！》，重庆日报网，访问时间：2020年8月31日。

综上所述，从中央到地方，从国家的总体战略和教育系统的专项规划，再到地方的实施举措和特色方案，都为基于多元文化培育中外学生的国际素养提供了依据，指明了方向，提出了要求，营造了氛围。在此背景下，四川外国语大学更应当担起应有的责任，在多元文化育人方面发挥外国语大学的引领和示范作用，并将多元文化育人的理念和思路融入学校"十四五"规划以及"四维一体"教育国际化特色高校建设的全过程。

首先，就培育中国学生的文化包容力来讲，多语种专业的增设与"外语+"复合型人才的培养改革仍是重中之重。一方面，学校正在根据"一带一路"建设的整体布局针对性地申报新的语种专业，重点是以重庆为中心向北延伸的"渝新欧"铁路沿线的中东欧国家，以及向南延伸的西部陆海新通道沿线的东南亚国家，从而逐步打造环周边区域的关键语种群。在此基础上，学校将充分利用外语学科的资源和优势，让学生真正专业化地学习和理解世界多元文化，并作为专业人士充当多元文化传播与交流的使者。在此过程中，学校不仅要通过举办中外合作办学、引进外籍教师等方式让多元文化"走进来"，而且要通过高质量的国际合作与交流项目为学生创造和提供机会与平台，使大家能够"走出去"近距离感知丰富多彩的多元文化。

另一方面，非语言专业的学生除了能在学习本专业的过程中接触多元文化，学校也可以进一步为其提供选修或辅修其他外语专业的机会。这是外国语大学的相对优势，也是外国语大学学生走向社会的竞争力所在。与此同时，在鼓励所有层次学生广泛涉猎多元文化外，还可专门支持硕士和博士研究生结合特定的国别和区域研究，针对某一种或几种国外文化开展专题调研，从而有效提升对多元文化的认知水平。对于特别打造的国际组织和国际传播人才，学校除了强化人才培养方案中的多元文化教育外，还可以积极搭建同全球或地区性多边机构的合作渠道，通过定向输出进行实习或就业的方式，让学生们在多元文化的工作氛围中，更好地理解和践行对多元文化的尊重和包容。

其次，就培育国际学生的文化认知力来讲，中国的国情教育依旧是中华文化育人的重要途径。正如本书已经提到的，文化育人的基本内核就是三种文化，即中华优秀传统文化、革命文化、社会主义先进文化。相对而言，国际学生最感兴趣的可能是传统文化，而事实上在来华留学教育中传统文化教学的确占据了相当比重，尤其是在孔子学院的国际中文教育中。但传统文化只是中国文化的一部分。学习传统文化的意义并不在于缅怀过去，而更应当在于服务现实。学校对传统文化的教学必须与当下的社会主义现代化建设联系起来，必须与未来的人类命运共同体建设结合起来。因为这些优秀的传统文化在中华民族的悠久历史中是一脉相承的，体现在我们党领导全国人民开展革命、建设和改革的各个阶段。只有把三种文化有机融合，才能形成对国际学生的强大吸引力和感召力。

然而，要想让国际学生真正认同中国文化，课堂教学和专业学习只是一个方面，另一方面必须致力于讲好中国故事。这里有两层含义：一是面向国际学生讲透中国故事，而讲透的要领就在于理论联系实际，让他们尽可能身临其境，感同身受，进而针对性地展开说明和引导，从而将其对中国各类文化的感性认知内化为理性认同。二是鼓励国际学生讲好中国故事。这是将文化认同顺延到行为实践的重要一环。同济大学国际文化交流学院院长孙宜学教授曾指出，培养国际学生讲中国故事要讲清楚三个关系，包括讲好中国故事与学好中文的关系，中国故事与留学生所在国故事之间的关系，中

① 孙宜学:《培养留学生讲中国故事要讲清楚三个关系》,上观新闻网,访问时间:2022年1月7日。

国故事与世界故事的关系。他认为,只有处理好这三种关系,因势利导,循序渐进,才能有效增强国际学生对中华文化的感召力和亲和力,才能真正把他们培养成中国故事的承载者和传播者。①

最后,就培育中外学生的文化融通力来讲,中外人文交流的氛围和平台依然是必不可少的基础。学校在"十四五"规划中明确提出,丰富日常校园文化生活,增加公共场所的中外文标识,在新校区建设中突出硬件设施与软件环境的国际化特征。充分调动和发挥校内外外籍师生资源,打造源于四川外国语大学、面向社会的中外人文交流特色品牌,定期举办"国际文化周""国际暑期夏令营""国际友人感知巴渝"系列活动。充分发挥歌德语言中心、俄语中心、塞万提斯语言中心、意大利语中心、白俄罗斯研究中心等校内涉外文化机构的积极作用,推动形成中外人文交流新局面。

与此同时,学校还将秉承"开川外门,见山外山"的开放办学理念,发挥外国语大学的多语种、跨文化优势,努力将学校打造成为重庆市民和西南地区各行各业学习外国语言、了解外国文化、参与对外交流的重要基地,为推动建设重庆市内陆开放高地和中西部国际交往中心提供智力支持与多语种涉外语言服务。另外,学校还持续做好涉外服务人才的孵化工作,建设一支思想过关、素质过硬的志愿者队伍,为政府机关、企事业单位、社会团体参与国际人文互动、国际文化交流、国际科技合作提供优质服务,用外语讲好"川外"故事、重庆故事、中国故事。

1990年，著名社会学家、人类学家、民族学家费孝通先生提出"各美其美，美人之美，美美与共，天下大同"的十六字箴言，从中华民族以及人类文明层面深刻阐述了"一"与"多"的辩证关系。在他看来，各美其美是指每个民族都有自己的价值标准，各自有一套自己认为美的东西，而这些东西在别的民族看来并不一定美。但民族间若能相互尊重对方的价值标准，能够做到容忍"各美其美"则是一大进步。也只有在民族间平等且频繁地往来后，人们才开始发现别的民族觉得美的东西自己也觉得美，这就是"美人之美"。这是高一级的境界，是超脱了自己生活方式之后才能达到的境界。而"美人之美"境界再升华一步就是"美美与共"。它是不同标准融合的结果，也就是达到我们古代人所向往的"天下大同"。因此，他认为，归根结底，从"各美其美"到"美人之美"到"美美与共"最后到"天下大同"其实是一个层层递进、步步提升的过程和体系。[①]而这恰恰是本书想要表达的关于多元文化育人的一种核心理念，也是本书主张的关于多元文化育人的一条基本路径。全校所有教育工作者都有责任行动起来，通过包括多元文化育人在内的综合育人体系，为培养"海纳百川、学贯中外"的优秀人才作出应有的贡献。

① 庄晨燕、浦天龙：《美美与共：从中国到世界——费孝通的治学理念》，《学习时报》2020年9月16日第A5版。

参考文献

[1] 胡洁：《文化自信视域下高校国际化人才培养研究》，浙江大学出版社，2022.

[2] 姜亚洲：《跨文化教育：从多元文化到跨文化》，上海交通大学出版社，2021.

[3] 贾彦琪：《追寻理性共识：多元文化时代的价值观教学研究》，福建教育出版社，2023.

[4] 马丽萍：《大学生文化认同研究》，光明日报出版社，2021.

[5] 涂爱荣：《新时代文化育人研究》，九州出版社，2021.

[6] 滕文生：《文明互鉴论》，人民出版社，2019.

[7] 邢丽菊：《中外人文交流概论》，世界知识出版社，2021.

[8] 邢媛：《文化认同的哲学论纲》，人民出版社，2018.

[9] 徐恪东、刘珂珂：《中国地方本科大学文化育人研究》，中国经济出版社，2017.

[10] 杨建义：《大学生文化认同与价值引领》，社会科学文献出版社，2016.

[11] 张伟：《新时代地方高校教育国际化论纲》，吉林出版社，2021.

[12] 郑白玲：《四川外国语大学校史》，成都地图出版社，2020.

后　记

　　本书系"四川外国语大学新文科建设系列教材"之"新文科建设：以文化人系列丛书"之一，也是苟欣文教授领衔的2020年度高校思想政治工作精品项目"文化育人"之"世界多元文化育人"课题的最终成果。

　　本书侧重从多元文化的视角探讨"以文化人"的国际化路径。

　　参与本书编写的共有四位作者。其中，朱天祥负责全书思路和框架的设计以及全书的统稿工作，并具体负责序言、第四章、第五章、结语部分的撰写；邱晓凤负责第一章的撰写；谌华侨负责第二章的撰写；钟南征负责第三章的撰写。本书是在学校党委的统筹安排下，特别是在苟欣文书记和卢波副校长的具体指导下完成的。在编写期间，我们得到了学校国际合作与交流处、学校团委、重庆非通用语学院等校内各部门以及王恬、张雪雪、曹晓利、黄砚彤、谢乐天等师生的大力支持。在此向各位领导、同事、同学们以及出版社的编辑们表示衷心的感谢，特别需要指出的是作者们分别从教学科研以及管理一线的工作经历出发，为本书的内容增光添彩。我们还要感谢书中所有照片的拍摄者和当事人，正是因为他们精湛的摄影技术和无私的奉献精神，本书才更加具有可读性和吸引力。

　　从国际化的角度探讨文化育人尚属于较具创新性的尝试，其中一定还存在诸多不足，欢迎各位同行批评指正。同时，我们也想就此抛砖引玉，既促进外国语大学自身的多元文化育人工作，又为推动更多高校的多元文化育人事业发挥外国语大学的表率和引领作用。